D1564318

DIANA DEL ÁNGEL

PROCESOS DE LA NOCHE

PRÓLOGO DE ELENA PONIATOWSKA

CRÓNICA

Derechos reservados

© 2017 Diana del Ángel
© 2017 Almadía Ediciones S.A.P.I. de C.V.
Avenida Monterrey 153,
Colonia Roma Norte,
Ciudad de México,
C.P. 06700.
RFC: AED140909BPA
© Elena Poniatowska, por el prólogo

www.almadia.com.mx
www.facebook.com/editorialalmadía
@Almadía_Edit

Primera edición: septiembre de 2017

ISBN: 978-607-8486-44-1

En colaboración con el Fondo Ventura A.C.
y Proveedora Escolar S. de R.L. Para mayor información:
www.fondoventura.com y www.proveedora-escolar.com.mx

Impreso y hecho en México.

DIANA DEL ÁNGEL

PROCESOS DE LA NOCHE

PRÓLOGO DE ELENA PONIATOWSKA

fondo
ventura

Almadía

La escritura final de este libro fue posible gracias a la Primera Residencia de Creación Literaria Ventura + Almadía, llevada a cabo durante enero y febrero de 2017, en la bella ciudad de Oaxaca.

Agradezco a ambas instituciones su hospitalidad y apoyo a este proyecto.

In memoriam, Julio

A Marisa y Melisa, por sostener la esperanza
A Sayuri, por su trabajo y los caminos andados
A la familia Mondragón Fontes, por la
hospitalidad y sus recuerdos
Al colectivo El Rostro de Julio, por arder
juntos en la oscuridad
A mi familia, por devolverme a la vida
después de la noche
A nuestra Mesa para compartir objetos, por
la amorosa escucha y la valiente compartición

PRÓLOGO
por Elena Poniatowska

El cuerpo de Julio César Mondragón fue abandonado en una calle de Iguala y quienes lo torturaron querían que su mensaje no pasara inadvertido; esto se ve desde el momento en que alguien —no se sabe quién— tomó la fotografía que circuló en las redes sociales. Así es como Marisa Mendoza se enteró de que el cuerpo expuesto era el de su marido y padre de su hija Melisa, quien acababa de cumplir dos meses.

Diana del Ángel acompañó a la familia Mondragón y a la abogada Sayuri Herrera durante más de dos años en un largo proceso que culminó con la exhumación del cuerpo del estudiante normalista de Ayotzinapa. Durante todo este tiempo, Diana no dejó de escribir en una libreta todo lo que veía y sentía. Testigo de la burocracia gubernamental y jurídica, se indignó con la forma descarada con la que la ley entorpece la búsqueda de la verdad.

El peregrinar de la autora junto a los protagonistas de esta tragedia empezó un 2 de noviembre de 2014, con la ofrenda del Día de Muertos que Afrodita Mondragón, mamá de Julio, pone en su casa. La descripción de la ofrenda en una fecha tan significativa para los mexicanos es el punto de partida del dolor de la madre, la esposa, el hermano y los tíos de Julio (también normalistas). Los panes, la fruta, los dulces, las veladoras y la "cera nueva" que dejan los vecinos frente al altar alimentan la pesadilla que significa ser joven, ser pobre, ser indígena y ser estudiante normalista en México.

¿Por qué tanto odio a los normalistas?

El paisaje de fondo de estas páginas que jamás debieron escribirse nos golpea, porque en un país "normal" esta joven ensayista estaría dedicada al estudio de la poesía de César Vallejo, Jaime Sabines y Carlos Pellicer, o a la poesía y la prosa de Rosario Castellanos, de Juan Rulfo, José Revueltas o Juan Villoro o José Emilio Pacheco, o a las crónicas de Monsiváis o Fabrizio Mejía Madrid, en lugar de descender al abismo para documentar nada menos que un desollamiento, que en cualquier país del mundo —si es que se practica— es sinónimo de locura, de barbarie, de salvajismo y de monstruosidad.

Miro el rostro de la niña Diana del Ángel y me pregunto en qué país vivo, en qué país una niña como ella se pone a investigar una muerte y a acompañar a una familia entera en el estado de Guerrero en vez de vivir sus años de estudiante a la sombra de ahuejotes, árboles de chirimoyas, guanábanas y naranjos. ¿Qué país es este, señoras y señores, diputados y senadores, para que una niña tenga que sentarse a escribir no sólo sobre el asesinato, sino del desollamiento? ¿Por qué nadie la llevó a la playa? ¿Por qué nadie le cortó buganvilias? ¿Quién le dijo: "Siéntate y acuchíllate y escribe sobre este suceso atroz que finalmente nos concierne a todos"? ¿Qué diría Elena Garro, quien pasó toda su infancia en Iguala subida en los árboles frutales de la casa paterna jugando con su hermana Devaki, al enterarse de que sesenta años más tarde en vez de escribir una ronda de limón partido, dame un abrazo que yo te pido, Diana intentaría explicarse el significado de la muerte sin rostro del normalista Julio César Mondragón?

Diana del Ángel es una joven poeta, ensayista y defensora de derechos humanos, ganadora de la Primera Residencia de Creación Literaria Ventura + Almadía en Oaxaca, gracias a la cual pudo terminar *Procesos de la noche*, libro que impacta y conmueve profundamente al ver reflejadas en sus páginas la impotencia, la angustia y las tramposas peripecias jurídicas que tuvieron que sufrir los familiares y la abogada de Julio César Mondragón, torturado y asesinado el 26 de septiembre de 2014 en Iguala, Guerrero, en una de las noches más negras de nuestra reciente historia, cuando 43 normalistas de Ayotzinapa desaparecieron y otros seis fueron asesinados.

La palabra *desollado* –escribe Diana– aparece ciento ochenta y tres veces en ciento treinta y cuatro documentos históricos "según el *Corpus Diacrónico del Español*". *Procesos de la noche* se suma a esa cifra porque se vincula inevitablemente al destino de Julio César Mondragón.

Las palabras ligadas a Julio Mondragón que Diana del Ángel consigna en su texto son *desollado, tortura, víctima, inhumar* y *exhumar*. Son tan horrendas que hacen que uno se pregunte si quizás en algunos años *reinhumar* no sea el triste aporte de México a la Real Academia de la Lengua, como ya lo fue *feminicidio*. Porque en estas tres palabras *(inhumar-exhumar-reinhumar)* se sostienen las más de doscientas páginas de un libro que combina crónica y ensayo en una apuesta a la memoria y la solidaridad.

Si hay algo que salta a la vista es la inmensa solidaridad de la autora con la víctima. A lo largo de su relato, Diana la ensayista intercala testimonios de amigos, compañeros y familiares en un intento por "reconstruir" el rostro de Julio César Mondragón.

El 17 de agosto de 2015 se inicia el trámite en el Primer Juzgado del Tribunal Superior de Justicia de Iguala para pedir la exhumación del cuerpo y que en la necropsia intervenga el Equipo Argentino de Antropología Forense (EAAF). Luego vendrán la Procuraduría Judicial de Guerrero; el Servicio Médico Forense de Iguala; el Museo Tecnológico de la Comisión Nacional de Electricidad (segunda reunión de la Presidencia de la República con familiares); el Salón Presidentes del Tribunal Superior de Justicia del Estado de México; el Registro Nacional de Víctimas en la colonia Del Valle; el Panteón de San Miguel Tecomatlán, Estado de México; la Coordinación de Servicios Periciales de la Procuraduría General de la República (PGR) en la Ciudad de México; Jalapa, Veracruz…

Una vez que se logra la exhumación del cuerpo de Julio, tanto los peritos argentinos como los designados por la PGR coinciden en que la muerte se produjo por tortura y no por arma de fuego, pero no se ponen de acuerdo en cuanto al desollamiento, y en este punto sólo pueden hablar de sus diferencias. Desde que se exhumó el cuerpo hasta la reinhumación pasaron más de tres meses: "por tres juzgados de la República, de llamadas, negativas, solicitudes, negativas, peticiones, negativas, exigencias, negativas, negligencia, insensibilidad".

El cuerpo de Julio César Mondragón, tal como consigna de manera impecable Diana del Ángel, no tuvo paz desde la noche del 26 de septiembre de 2014, cuando murió a causa de tortura: una primera autopsia plagada de irregularidades (el perito puso el globo ocular que se había desprendido dentro del pecho sin dejar constancia de ello);

exhumado y sometido a una necropsia que implicó desprenderle el cráneo y tallar parte de sus huesos; almacenado en una morgue por más de tres meses debido a la burocracia judicial y finalmente reinhumado en un segundo sepelio al que su abuelo, Teófilo Raúl Mondragón –quien siguió el proceso desde el principio–, no pudo asistir porque murió en el transcurso de las gestiones.

En estas páginas vemos a una familia destruida que tiene que pasar dos veces por el mismo infierno; una justicia cuya ineficacia e insensibilidad asquean; pero, sobre todo, una serie de antesalas, de esperas, de ires y venires, en la que lo que salta a la vista es el nulo interés por indagar la verdad y por demostrar un mínimo de calidad humana.

El de Julio César Mondragón es uno de los casos más vergonzosos de nuestro país y de toda América Latina.

Procesos de la noche nos insta a no olvidar ni a dejar que la inercia nos gane: para que no se repita la historia, para que jóvenes talentosos como Diana del Ángel nunca más tengan que ser los cicerones de este dantesco infierno en que se ha convertido México.

Alguna vez, si conociera yo a Diana del Ángel, aunque sólo fuera de pasada, me gustaría atreverme a abrazarla y, sobre todo, a pedirle perdón por no ser capaces de levantarnos en vilo para ofrecerle otro país.

P.D. Qué bueno que Almadía Ediciones y Guillermo Quijas, además de a los consagrados como Vasconcelos, Le Clézio, Pitol, Villoro, Fadanelli, Alberto Manguel, Fabrizio Mejía Madrid y otros, edite a una autora joven con un trabajo excepcional acerca de un tema que a todos nos debería doler como a ella.

PROCESOS DE LA NOCHE

Palabras para empezar

Según el *Corpus diacrónico del español (CORDE)* la palabra *desollado* aparece ciento ochenta y tres veces en ciento treinta y cuatro documentos históricos y literarios. En la *Historia verdadera de la conquista de la Nueva España* (1568), de Bernal Díaz del Castillo, se atribuye a Cuauhtémoc –Guatemuz, dice él– haber enviado las "caras que habían desollado, y pies y manos de nuestros soldados que habían sacrificado" a pueblos como Matalcingo –hoy Toluca– y Malinalco para mostrar a sus pobladores cómo habían matado a los españoles y animarlos a terminar con el resto de las tropas conquistadoras. Al parecer la propaganda de Cuauhtémoc funcionó y los tlatoanis de esas regiones acudieron a su llamado, aunque sólo acompañaron a los mexicas en la derrota. En otro pasaje, nuevamente Díaz del Castillo narra cómo los pobladores de Texcoco, en venganza por el supuesto cautiverio y muerte de su señor, desollaron a dos de los soldados que habían capturado. Díaz del Castillo narra, no sin terror, cómo le contaron que al entrar al pueblo encontraron en las casas y templos la sangre y las caras de las víctimas sobrepuestas en las efigies de los dioses adorados.

Años más tarde, Fray Bernardino de Sahagún da testimonio de una fiesta que los vecinos de Yopico hacían en honor a Coatlicue, a la cual ofrecían las primeras flores nacidas en el año antes de disfrutar su aroma. Al lado de esta delicada ofrenda tenían también la costumbre de esconder en alguna cueva la piel de los que habían sido desollados en la fiesta pasada. Según cuenta Sahagún, los enfermos de sarna u otras enfermedades cutáneas ayudaban en este proceso, pues creían que se sanarían y, en efecto, algunos quedaban libres del mal, remata el fraile en su *Historia general de las cosas de la Nueva España* (1569). En estos relatos, la piel arrancada tiene una función trascendente en los ámbitos bélico y religioso: enseña o talismán, arenga o cura, reliquia o trofeo, vestido sagrado o bandera de guerra.

El presente libro se sumará al corpus de obras en español que emplea tal adjetivo, pues el nombre de Julio quedó inevitablemente ligado al vocablo, cuya raíz es el verbo *desollar*. A diferencia de las crónicas anteriores, en estas no se dará cuenta del destino de esa piel arrancada durante la madrugada del 27 de septiembre de 2014, simplemente porque no se sabe qué ocurrió con ella. Aunque he imaginado usos macabros, destinos humillantes, prácticas deleznables, acabo deseando que esa piel ya no esté, que haya vuelto a la tierra o a la nada de donde venimos. Otras dos palabras unidas al nombre de Julio son *tortura* y *víctima*; ambas comparten con *desollado* los campos semánticos de la guerra y la religión; las tres se reparten desgraciadas en los campos de mi país, pero sobre las mismas tierras andan muchos buscando, exhumando en grupo, juntos encontrando.

Exhumar es otra palabra antigua y muy frecuente en la prosa de países como Chile, Argentina, España y Colombia. Hasta hace poco *inhumar* era suficiente, pero cada vez se hace más necesario añadir el prefijo *re* para aclarar que por segunda vez el mismo cuerpo se entierra. Quizá dentro de algunos años la voz *reihnumar* aparezca en las estadísticas del CORDE y se remita a nuestro país en cuarenta por ciento de las menciones, por poner un número, y acaso sea una contribución más de México al español. Una palabra que no aparece en las páginas siguientes, aunque anima toda la escritura y los hechos relatados es *resistencia;* todas las palabras contenidas en este libro buscan ser parte de ese aliento subterráneo que la va nombrando en las casas y en las calles…

* * *

El 26 de septiembre de 2014 fueron desaparecidos 43 estudiantes de la Normal Rural Raúl Isidro Burgos, en la ciudad de Iguala, Guerrero. Esa noche también fueron ejecutadas seis personas: tres civiles: Víctor Manuel Lugo Ortiz, David Josué García Evangelista y Blanca Montiel Sánchez y tres normalistas: Julio César Ramírez Nava, Daniel Solís Gallardo y Julio César Mondragón Fontes. Este último fue torturado y ejecutado, finalmente dejaron su cuerpo en un camino de terracería. La fotografía de su rostro sin piel circuló por internet desde la mañana del sábado 27 de septiembre, así fue como su esposa: Marisa Mendoza Cahuantzi, también normalista, y su hermano Lenin Mondragón se enteraron de la muerte de su familiar, pues reconocieron en la imagen su ropa y algunas cicatrices.

Julio César era originario de San Miguel Tecomatlán, Estado de México. Meses antes se había ido a vivir a la Ciudad de México con Marisa; en julio del 2014 nació su bebé. Marisa, la familia Mondragón y su abogada, Sayuri Herrera, acompañados por el colectivo El Rostro de Julio y Aluna, emprendieron un proceso jurídico para exhumar el cuerpo del normalista y realizar una nueva necropsia, por parte del Equipo Argentino de Antropología Forense (EAAF). Ello fue necesario pues en el primer examen forense, hecho por Carlos Alatorre, en Iguala, no se documenta la tortura y se insinúa que el desollamiento fue hecho por "fauna del lugar". Las diligencias del caso se hicieron en el expediente 212/2014, donde se imputa a 22 policías actualmente recluidos en el penal de Tepic, Nayarit.

Gracias a testimonios de personas que conocieron a Julio en vida fue posible reconstruir el

Rostro que se intercala en las crónicas siguientes. Por motivos de seguridad, se acordó mantener bajo resguardo su nombre; pero quiero dejar constancia de la valentía y generosidad de sus voces.

Tres ofrendas

2 de noviembre de 2014

Una cruz de claveles blancos y el retrato de Julio César Mondragón Fontes marcan el eje imaginario que divide en dos su ofrenda este día de muertos. El altar está en medio del cuarto, las puertas de la casa de Afrodita, su madre, están abiertas de par en par. En San Miguel Tecomatlán, Estado de México, la tradición es llevar a los muertos recientes cera nueva, es decir, cirios o velas, que en las calles del pueblo venden por kilo. Desde temprano, los pobladores han traído entre sus manos gruesos cirios blancos para alumbrar el duelo por la muerte del joven normalista; en la esquina de la sala se puede ver una pila grande de velas. El tío Cuitláhuac cuenta que, antes de estar en la normal de Ayotzinapa,

Julio aguantó los propedéuticos de las normales de Tenería, muy cerca de la casa donde creció, y de Tiripetio, en Michoacán. Su anhelo por formarse como maestro lo llevó hasta Iguala, Guerrero. ¿Por qué alguien se empeñaría tanto en aprender una profesión mal pagada y demeritada por el discurso oficial en los últimos años? Comienzo a comprender cuando sus dos tíos normalistas nos cuentan con esperanza y valentía sus andanzas como estudiantes y como maestros rurales.

Las veladoras encendidas alumbran la fruta y los panes flanqueados por dos pilares de rosas y alhelíes que limitan el altar. En el armonioso acomodo de una flor detrás de otra, se advierte el amor de Marisa Mendoza, su viuda; de Afrodita Mondragón, su madre y de Lenin Mondragón, su hermano. En sus caras: el dolor. Le lloró mucha gente —nos dicen—, muchos vinieron a su velorio y rezaron en sus rosarios; muchos son los que ahora ofrecen su cera nueva y se quedan un rato frente a la ofrenda; lo suficiente para intercambiar unas palabras y recibir —como es la costumbre en el pueblo— unas galletas y un trago de mosquito, licor de frutas hecho en Tenancingo. La gente de aquí es muy solidaria —cuentan— y

Julio tenía algo: como que sabía dar consejos, quería enseñar a los niños. Aquí estuvo gente de verdad cabrona —escuchamos— llorando porque no creían que Julio salió huyendo, como se dijo en algunas notas periodísticas, porque él nunca les daba la espalda a los otros.

Esa tarde, nuestra presencia fue el pretexto para traer a Julio en sus palabras y sus recuerdos. Esta familia en pleno duelo nos ha abierto las puertas de su casa, nos ha dado de comer a manos llenas, nos ha contado sus historias, nos ha dado sus risas. Nunca estreché la mano de Julio, pero esa tarde supe que era valiente por su herencia normalista; que amaba por la risa de su hija y, por la ofrenda en medio del cuarto, supe de su generosidad hasta la muerte.

Rostro

Pues Julio tenía pegue con las muchachas. Después de Tenería quién sabe qué le pasó. Antes apenas les hacía caso y ya luego sabía cómo hablarles y qué decirles. Una vez me enseñó una lista y había muchos nombres de mujer. Pero cuando conoció a Marisa fue muy distinto. Me contaba mucho de ella, de que le compraba muchos panes, de que iba a la tienda y se comía unos cinco u ocho panes de colores. Una vez subimos al Cristo Rey, en la punta del cerro, y en eso ella le llamó y él le dijo que estaba en el Tecnológico de Villaguerrero, que se iba a meter a clase, pero no era cierto. Decía que nunca había conocido a nadie como ella, que lo apoyara tanto. Por eso dejó de andar con muchas chavas. Decía que ya nomás con ella iba a estar, porque ella no se merecía nada malo. Entonces ya sólo se la pasaba hablando de ella, de cuando la había visto o de cuando la iba a ver. Como a veces no tenía dinero para el pasaje, me hablaba para que fuéramos al monte a cortar leña y luego la vendíamos. Así pagaba lo del boleto para México. Luego ya se fue a vivir con ella y entonces dejé de verlo. La última vez que lo vi fue cuando pasó por aquí antes de irse a Ayotzi. Yo lo invité a cenar a mi casa y allí estuvimos con su hermano, el Enano y el Jairo. Él se puso a calentar los frijoles y las tortillas. También comimos unos chiles habaneros asados; Julio se los comía enteros, sin tortillas ni nada.

PÁJAROS EN EL TRIBUNAL

17 de agosto de 2015

Al Primer Juzgado del Tribunal Superior de Justicia de Iguala de la Independencia, Guerrero, se llega después de tomar una desviación a la entrada de la ciudad; el camino está flanqueado por hoteles, quintas residenciales y letreros de marisquerías o de cervezas, pues a no más de treinta minutos se halla la laguna de Tuxpan. Luego de un puente el camino se vuelve de terracería y más adelante hay un puesto de policías donde es preciso registrar los datos del auto y el nombre del chofer. Fracasamos al intentar acomodar el coche a la sombra de algún árbol. La primera puerta que nos encontramos es la de la aduana del Centro de Rehabilitación Social de Iguala, cuya torreta parece descompuesta; un poli-

cía vigila esa entrada y a lo lejos se ve un tende-
dero improvisado.

El juzgado se encuentra alojado en un edificio de un solo piso, largo y de un blanco des-
gastado, cuyo sistema de ventilación consiste en
unas rendijas hechas con los mismos ladrillos
que sostienen la construcción. La señal de los te-
léfonos celulares deja de funcionar y el internet
es una quimera en esa zona. Una pequeña ban-
dada de golondrinas nos recibe revoloteando en
lo alto del techo. Allí han puesto sus nidos, justo
encima de donde despachan burócratas y los pre-
sos intentan vender bolsas o pulseras tejidas.

Hasta antes de abril de 2015 había dos juzgados, primero y segundo, pero después de una
huelga en la que los trabajadores demandaban
mejores condiciones laborales, desaparecieron
uno: justo el que llevaba los expedientes del caso
Ayotzinapa. Ahora todos los casos se acumulan
en el juzgado sobreviviente: una gran sala donde
se han acomodado nueve escritorios, cada uno
de los cuales representa una función distinta dentro de la misma. La mesa de la entrada es la no-
taría; justo enfrente hay otra mesa con una máquina de escribir: ahí es donde el abogado de

oficio da asesorías; un escritorio pequeño casi al fondo es la Oficialía de Partes. Pilas y pilas de expedientes en hojas tamaño oficio se hallan dispuestas en las mesas o pasillos del tribunal; no es raro encontrar excremento de pájaros sobre las hojas. Detrás de uno de los escritorios se encuentra la licenciada Sagrario Aparicio: pelo teñido de rubio, maquillaje exagerado y un enorme cuerpo que mágicamente no dobla los tacones que lo sostienen. Ella es la secretaria de acuerdos, encargada de redactar todos los procedimientos realizados en un caso, así como de ordenar el expediente. Y es quien le confirma a la maestra Sayuri Herrera, abogada y psicóloga, que los expedientes (212, 214 y 217 de 2014) del caso de Julio César Mondragón Fontes se encuentran a su cargo.

Desde luego, ni la familia ni la abogada fueron notificadas del cambio de mesa del expediente. Los oficios al aire libre harían pensar en una escenificación extrema de la transparencia gubernamental, pero la razón es que no tienen archiveros para acomodarlos. Mientras la secretaria de acuerdos revisa si se puede consultar el expediente de Julio, ya que los magistrados de la tercera sala lo están leyendo, Sayuri comienza las gestiones para la exhumación del cuerpo del normalista.

El juez nos recibe sin mayor dilación. También accede sin muchos reparos a la petición de que se realice una nueva necropsia al cuerpo de Julio e incluso sugiere el procedimiento más rápido. Es un hombre modesto, camisa y pantalón de vestir sencillos; parece estar interesado en que el Estado y el gobierno recuperen la credibilidad perdida, pero enfatiza que no puede hacer mucho desde donde está. Es decir, sentado sobre una silla de respaldo raído dentro de una pequeña oficina: el único lujo del que goza dentro del juzgado. Tanto él como Sagrario miran a Sayuri con una extrañeza preocupante cuando ella menciona la necesidad de seguir el protocolo de exhumación preparado por la ONU. Probablemente es la primera vez que escuchan sobre tal cosa. Sin embargo, todo ha ido bien y nos vamos de allí con la certeza de que, como dijo el padre Miguel Concha en la misa que ofició en memoria de Julio en diciembre pasado, ¡Dios está con nosotros!

Siguiente parada: la Procuraduría Judicial de Guerrero, recién nombrada Fiscalía. Ahí queremos conseguir la bitácora fotográfica del perito que se encargó del levantamiento del cuerpo de Julio César. Sayuri me dice que las fotos del expediente no sirven porque están impresas en blanco y negro, y ciertamente, sólo se pueden ver unas manchas más negras que otras. A propósito, para que no se vea nada, pienso. El encargado de servicios periciales tiene la cara de un adolescente y reacciona como tal cuando le decimos que se ve muy joven. Su servidor lleva ocho años aquí, nos dice muy ofendido. Luego de revisar minuciosamente el oficio donde se solicitan todas las fotografías que el perito tomó el 27 de septiembre de 2014, dice que no nos las puede dar, pues ellos trabajan para el gobierno y no para particulares. Necesitamos que el oficio venga de parte de una autoridad, sentencia, y nos mira por encima de las micas negras de sus lentes.

Como muestra de buena voluntad, manda llamar al perito Vicente Díaz Román, quien fue el primero en levantar el cuerpo de Julio César, para que él nos diga si tiene más fotos. En la Fiscalía, aunque hay una oficina que ostenta el letrero, no hay departamento de fotografía, así que el hecho de conservar evidencias fotográficas depende del arbitrio, el morbo o la buena fe del perito. Vicente es un hombre mayor, casi llega a los sesenta años; tiene treinta y cuatro trabajando en el servicio pericial; su cabello entrecano pronto igualará la tonalidad de su camisa y zapatos blancos.

Nos dice que sí, que él lo fue a recoger, que le avisaron de la coordinación y de allí se fue a donde estaba el cuerpo, en el Camino del Andariego, en la colonia Ciudad industrial. Que ya desde allí empezó el levantamiento del cuerpo, que lo subieron a una camioneta y luego lo llevaron al Semefo (Servicio Médico Forense) de Iguala. Luego él no supo más. En efecto, nos dice, tomó más fotos aparte de las cinco que constan en el expediente. Que habrán sido como unas veinte y luego escogió las que se veían mejor. Nosotras queremos todas pues, a casi un año del asesinato de Julio, tal vez esas fotografías sean las únicas que contengan los indicios para determinar los detalles de su tortura y muerte.

Sayuri le pregunta por qué las puso en blanco y negro, pues los protocolos periciales indican que deben ser a color. Porque no nos dan tóner de color, nos dice el viejo perito. Las fotos las tomo con mi cámara, y exhibe una cámara digital ordinaria. Aquí están las fotos, aquí están las fotos, nos dice mientras agita en su mano una USB negra, le sopla y la vuelve a meter en el cajón de su escritorio, que ocupa casi la totalidad del cuarto de dos por dos metros en el que nos ha recibido. Le preguntamos sobre su experiencia al enfrentarse a un rostro desollado. Uno ve muchas cosas, nos dice. No es el primero que ve. Nos vamos de allí con la esperanza de que alguna de esas fotografías contenga algo más de lo que está en el informe y que pueda darnos indicios de cuál fue el instrumento con el que se infringió tal corte en el rostro de Julio.

Un piso más abajo nos toca lidiar con una de esas personas cuyo complejo de inferioridad es tal que, a la menor sensación de poder, aprovechan la oportunidad para descargar en sus subalternos algo de lo que los atormenta por dentro. En México, gracias a esa antigua tradición del machismo, la primera señal de poder que experimenta un hombre de poca valía es el pene. Ejemplo de ello es el actual MP de la Fiscalía de Iguala, Hermenegildo Morales Contreras, quien durante los cinco minutos que estuvimos en su oficina humilló a dos de sus trabajadores: a uno lo llamó chango y a otro bruto. Incapaz de verbalizar su disgusto porque el oficio estuviera dirigido al antiguo agente del MP, hizo gala del magistral empleo de la repetición, figura retórica que, al parecer, constituye todo su armamento discursivo. Mientras estuvimos frente a él no dejó de enfatizar que ya no tenía el expediente y que entonces no podía darnos las fotos, porque el expediente ya no estaba con ellos y entonces no tenían nada que darnos porque el expediente se lo llevaron a otro lado y entonces allí ya no tenían nada, porque él ya no tenía el expediente y entonces ya lo que pedíamos estaba en otro lado.

Ante este paladín de la oratoria, Sayuri desistió de explicarle todo lo relativo al proceso pericial y nuestro objetivo en la Fiscalía, pues el hombre ya había mandado llamar a Vicente para hacernos saber que él podía regañar a quien quisiera; temíamos que le pidiera la USB y la destruyera o desapareciera. En fin, acabamos por retirar el oficio para que el hombre pequeño olvidara el asunto; luego buscaríamos otro canal para solicitar las fotografías. Antes de dejar la Fiscalía fuimos con Vicente a pedirle que hiciera una copia de la USB. Él nos dijo muy enfático que a nadie le daba esas imágenes, sólo con el documento oficial. Nos fuimos de allí pidiendo que realmente Dios esté con nosotros.

Próxima parada: Servicio Médico Forense de Iguala. Las otras fotografías que esperábamos conseguir eran las que debió haber tomado el médico forense Carlos Alatorre, autor de la necropsia donde se afirma que los agentes del desollamiento de Julio fueron elementos de la fauna del lugar. Nada más de entrar a un cuarto con paredes y piso de mármol nos sorprendimos, pues el aspecto no tenía nada que ver con el resto de las construcciones en las que habíamos estado ese día. Un vigilante nos informó que esas instalaciones son de la Funeraria El Ángel. Como el gobierno no tiene recursos suficientes, la empresa presta sus instalaciones para el Semefo y, a cambio, sus servicios funerarios son la primera opción que se ofrece a todos los muertos de Iguala.

Un empleado del Semefo, a quien interceptamos cuando estaba a punto de llevar algunos exámenes forenses al MP, nos dice que el médico Alatorre trabaja sólo los sábados y domingos; el resto de la semana da consultas en una clínica del ISSSTE. No sabe si él querrá hablar con no-sotras, pero va a intentar contactarlo. Aunque lo ha visto con la cámara, se ha fijado que Alatorre no acostumbra tomar fotografías. Es que los médicos ya están viejitos, nos dice, luego yo les tengo que ayudar a descargar sus archivos para que puedan imprimirlos.

Muy amable, el señor Juan queda de contactar al médico Alatorre para ver la posibilidad de entrevistarnos con él. Para que nos diga si tomó fotografías del cuerpo de Julio o para poder preguntarle por qué no lo hizo. ¿Acaso no le pareció importante? ¿Es que son tantos desollados que uno más qué más da? ¿O ese día no llevaba cámara? ¿O las tomó pero se le olvidó ponerlas en el informe? Total que si Julio hubiera sido asesinado entre semana, seguro sí habría fotos. Al salir de allí yo me pregunto dónde estaba Dios el 26 y 27 de septiembre.

ROSTRO

Lo empecé a conocer por el frontón; yo tenía como catorce años. Él ya era más grande, tendría como unos dieciocho o diecinueve. Un día él fue a pelotear y le pregunté si quería jugar y me dijo que sí, y ya empezamos a platicar. No le importaba que nos tardáramos días caminando, porque le gustaba caminar. Una vez fuimos a Ixtapan de la Sal a jugar frontón y no llevábamos mucho dinero. Él me dijo que teníamos que comer, aunque luego ya nos fuéramos caminando. Luego ya lo vi con los platos de comida, pus porque ya se había gastado todo el dinero. Todavía nos echamos otros cuatro partidos de frontón; y yo pensé que él estaba diciendo de broma eso de que nos íbamos a ir caminando, pero cuando ya llevábamos unos cuantos kilómetros, me dije: No, pues sí era en serio. Y ya llevábamos como cuatro horas caminando, porque empezamos como al medio día, cuan-

do vimos una botella de agua en la carretera. Y él dijo: Pus yo he estado en muchos propedéulicos, a lo mejor esto nos salva la vida. Y nos tomamos cada quien la mitad del agua, pero quien sabe qué tenía que nos hizo como alucinar. Ya andábamos viendo borroso y las piedras en la carretera como que brillaban. Yo le decía a Julio: Ya hay que pedir limosna, y él me decía: No, todavía aguantamos. Vente, vamos a cruzarnos por esta barranca; a lo mejor encontramos un río. La cruzamos, y luego otra y otra y nada, no encontramos nada. En eso pasó un camión de esos que llevan varilla y le pedimos un ride y nos dijo que sí y nos llevó hasta Villaguerrero. Ya de allí nos venimos caminando hasta Teco. Llegamos como a las once o doce de la noche.

Yo aquí hago maravillas, porque de esto no entiendo nada

27 de agosto de 2015

Ante el escritorio de la licenciada María Sagrario Aparicio Pérez, encargada del expediente del caso, comienza la comparecencia de Marisa Mendoza, viuda de Julio César Mondragón Fontes, para dar consentimiento sobre la exhumación del cuerpo de su esposo. El juez ha dado su anuencia para que dos documentalistas graben esta diligencia, en aras de que todo sea lo más transparente posible, siempre y cuando las cámaras apunten hacia la viuda y su abogada, Sayuri Herrera.

Aunque intentaron remozar el escritorio y removieron algunas de las pilas de expedientes, las cámaras pudieron grabar la precariedad del mobiliario y el hacinamiento de documentos. La que sí quedó impecable fue Sagrario: tiene los ojos delineados en negro, las sombras color rosa y un coordinado de aretes y dije dorados. Es que a mí la plata nomás no me gusta, manita, yo prefiero el oro. ¿No ves que por eso Iguala es del oro y Taxco de la plata? Bueno, así era antes, nos dice mientras suena el viejo CPU para anunciar que ha comenzado a trabajar. Sayuri le entrega su cédula profesional y con ese simple gesto comienza el proceso. El expediente 212-2014, uno de los que involucran el caso de Julio, con sus más de mil páginas en tamaño oficio cosidas a mano, yace frente a nosotras.

Luego de confirmar los datos generales de Sayuri y la dirección oficial para notificaciones en Iguala, se aclara que Marisa es la ofendida y el resto (unos cinco al menos) acompañantes. El juez César Abraham y la agente del MP adscrita al juzgado, Esperanza, son los que presiden la comparecencia (tendría que haber otro fiscal, Martín, pero dado que es hora de comer, delegó ese trabajo en su compañera). Los trabajadores no dejan de mirarnos: no ha de ser común que la ofendida llegue acompañada de camarógrafos. Marisa muestra su inquietud, pues unos minutos antes nos dijo que no confiaba en el juez porque no la había mirado a los ojos. Tratamos de animarla diciéndole que, de todos los funcionarios que hemos conocido, él es el más accesible. Ciertamente el carácter del juez es más bien tibio, casi pusilánime, aunque parece sincero cuando dice que hará lo que esté en sus manos para ayudar; el problema es que este caso requiere más que eso. El nerviosismo inicial deja paso un ambiente tedioso, en el que Sagrario teclea esporádicamente un dato, revisa papeles, murmura algo, vuelve a revisar los mismos papeles y teclea otra cosa. Arriba las golondrinas planean sobre nosotros. Cerca de las dos de la tarde, Sayuri, como representante de la ofendida, comienza la petición.

Venimos ante esta autoridad a ofrecer un peritaje en materia de medicina y antropología forense para lo cual requerimos se realice la diligencia de exhumación de Julio César Mondragón Fontes, normalista desollado entre la noche del 26 y la madrugada del 27 de septiembre de 2014 en Iguala, Guerrero. Todos escuchamos la voz firme y tranquila de la abogada, cuyas palabras son sucedidas por el tecleo de Sagrario.

Sayuri fundamenta la petición en el Artículo 20 de la Constitución, en su apartado A, fracción primera; luego alude a la Ley General de Víctimas y, cuando es pertinente, se detiene a leer lo que cada artículo, código o ley dicen a la letra. Para la mayoría de la gente, todos esos términos jurídicos son tan necesarios como desconocidos: la primera barrera entre la justicia y las personas es el lenguaje.

Por momentos pienso en lo complicado que es para el ciudadano común comprender todos los términos jurídicos necesarios para su defensa o las leyes que protegen nuestros derechos y garantías. Salvo el Artículo 20, no sabría decir dónde encontrar el resto de los artículos que la abogada ha empleado para este caso. A pesar de todo, experimento cierta emoción cuando escucho fundar la petición en el derecho a conocer la verdad, el acceso a la justicia, a la reparación del daño y a la no repetición del acto en ninguno de los integrantes de esta sociedad.

Sayuri continúa citando ahora el informe que publicó la Comisión Nacional de Derechos Humanos (CNDH). Sagrario, por su parte, no puede evitar hacer un gesto de cansancio cuando oye que la abogada emplea términos como *intervención judicial pertinente* y aduce a otro código o ley. La secretaria de acuerdos suspira al ver que el fólder del que la abogada va sacando sus notas dista mucho de llegar al final. Poco a poco, la mención de leyes e informes deriva en el cuerpo de Julio y en la necesidad de realizar una nueva necropsia para determinar las causas y agentes de su tortura y muerte. En cierto modo, todo el aparato jurídico, todas las palabras argüidas, culminan en el cuerpo de Julio, en la necesidad de poner al descubierto la verdad de su rostro sin piel.

El paso siguiente es impugnar los dictámenes periciales del Semefo y de la Fiscalía de Iguala por ser contradictorios entre sí, sobre todo en lo que respecta a la causa del desollamiento: el primero habla de un objeto punzocortante y el segundo lo atribuye a la fauna del lugar. Se pide la intervención del Equipo Argentino de Antropología Forense (EAAF); se pide que el juez dirija una orden al MP de Iguala (Hermenegildo, a quien conocimos en la diligencia pasada) para que nos entregue la bitácora fotográfica del 27 de septiembre del año pasado; se pide que se estudie una fractura, un golpe en el tórax, un trauma craneal. Se ofrece el nombre de los peritos. Es cuanto, culmina Sayuri, pues esa es la fórmula necesaria para concluir una diligencia tan relevante como la de hoy. Luego Marisa, que durante este tiempo ha estado hojeando el expediente del caso de Julio, debe decir: Otorgo mi consentimiento expreso. Cada palabra tiene consecuencias jurídicas distintas.

Aunque el juez responde, también apoyado en leyes, su participación es más breve; expresa estar de acuerdo con todo. No obstante, surgen algunos inconvenientes. El primero se resuelve sin mayor dilación: los peritos podrán protestar, es decir, aceptar su cargo por escrito, de modo que el proceso será mucho más rápido, pues todos ellos vienen de diferentes países y es complicado acoplar sus agendas sólo para comparecer en persona. La otra cuestión es que la MP, Esperanza, sugiere no impugnar, sino ampliar los dictámenes periciales, pues así podría usarse parte de la información que hay en ambos documentos. Sayuri opta por una impugnación parcial. En voz muy baja, la agente del MP nos dice que, de haber elegido *ampliar*, ella habría estado de acuerdo con toda la petición, pero que así no puede, porque impugnar sería ir en contra de sus compañeros del Poder Judicial y eso no puede hacerlo. Parece olvidar que su trabajo es una figura jurídica, no un cargo amistoso, pero hay muchas formas de decir *encubrimiento.*

El trámite parece no tener fin, son ya las cinco de la tarde. Ahora falta que impriman la diligencia para firmarla, pero en el juzgado sólo hay una impresora, así que esperamos al menos una hora porque se necesitan tres juegos. Mientras el juez y Sayuri revisan los últimos detalles y los documentalistas comienzan a guardar su equipo, Sagrario le dice a una de sus compañeras: No, pues yo hago aquí maravillas, porque de esto no entiendo nada. Y no sólo no entiende, sino que no quiere entender. Ella ha escrito "derecho a la verdad", "reparación", "no repetición", con la misma indiferencia con que habría escrito "ácido desoxirribonucleico" o "impunidad".

ROSTRO

Nos presentaron en un baile, en la Normal de Tenería. Fue extraño porque cuando lo vi no sentí nada, ni siquiera cruzamos miradas, no pensé que fuera a formar parte de mi vida. Yo de hecho pensé que le interesaba una de las amigas con las que había ido, porque cuando se tomó una foto con ella, pues la abrazó muy bien. A raíz de esa foto, nos contactó a todas las que habíamos ido y a todas nos mandó solicitud en Facebook y a todas se las andaba conquistando, o sea que era bien lanzado. Yo fui la última en aceptar esa solicitud. Y efectivamente empezamos a platicar y pues me dijo que le había gustado mucho tomarse las fotos conmigo, que le gustaría iniciar una amistad. Y pues cuando yo les conté a mis amigas de todo eso, ellas me dijeron: No, no te conviene, porque es bien mujeriego. A todas les dice lo mismo. Y pues yo en ese entonces estaba saliendo con otra persona,

que ya era egresado de *Ayotzinapa, pero no nos veíamos mucho porque él estaba en el cerro, pero sí nos
mandábamos mensajes y todo. Entonces, pues seguí
hablando con Julio, pero yo pensaba que no era nada
serio.*

EL ÚLTIMO CAMINO DE JULIO

27 de agosto de 2015

En la isla del león dormido
hay un guerrillero malherido,
córtale la lengua para que no hable,
sácale los ojos para que no vea.

CANCIÓN ESCUCHADA A MILITARES
DURANTE SU ENTRENAMIENTO
A LA SALIDA DEL CAMPO MARTE

No he visto deslumbradora raza como la tuya,
ni raíces tan duras, ni manos de soldado,
ni he visto nada tan vivo como tu corazón
quemándose en la púrpura de mi propia bandera.
[...]
Que sepan los que te mataron que pagarán con
    sangre.
Que sepan los que te dieron tormento que me
    verán un día.

PABLO NERUDA

Llegamos cerca de las seis de la tarde al Centro de Iguala, Guerrero. Enfrente del palacio municipal, quemado el 22 de octubre de 2014, la Central Estatal de Trabajadores del Estado de Guerrero (CETEG) y otras organizaciones sociales han instalado un templete; alrededor penden carteles y fotografías de los 43 desaparecidos. En el centro del escenario hay una manta con los rostros de los tres normalistas ejecutados entre la noche del 26 y la madrugada del 27 de septiembre del año pasado. El recibimiento para Marisa es de lo más cálido; en parte por la pérdida de su esposo y también porque ella misma es normalista. Muchos maestros se acercan para mostrarle su apoyo. Nos invitan a comer pozole y agua de tamarindo para que tomemos fuerza antes de emprender la marcha. Comemos lo más rápido posible y sacamos la cruz que Marisa mandó a hacer: es de metal negro con adornos de color plata, la figura de Cristo está en el centro y sobre él hay una leyenda que dice: "Yo desde mi estrella los puedo mirar, denme sonrisas para descansar". Marisa nos dijo muy sonriente que a ella se le había ocurrido ese mensaje; sin duda lo más hermoso de la cruz.

Comenzamos a caminar por Juan N. Álvarez, una de las calles donde la noche del 26 de septiembre del 2014 atacaron a los normalistas. Es una marcha pequeña, de unas cien personas; además de los padres de los 43 y de las organizaciones de Iguala también se han sumado los estudiantes de la Normal de Ayotzinapa; doña Bertha Nava, madre de Julio César Ramírez, encabeza este tramo. Algunas personas abrieron las puertas de sus casas cuando vieron que los estudiantes estaban siendo atacados, a pesar de que los amenazaron con chingárselos también a ellos. Ahora avanzamos flanqueados por puertas cerradas; cuando nos detenemos en la esquina con Periférico, me doy cuenta de que una cantidad inusual de motocicletas y autos merodean por allí.

Al lado de Periférico hay un empedrado, de allí los estudiantes tomaron las piedras con las que se defendieron en un principio. Nunca me han parecido tan pocas. En una esquina, cerca de una cortina de metal blanca, están dos cruces: una es de Julio César Ramírez Nava y otra de Daniel Solís Gallardo. En la otra esquina hay una ferretería, cuyos vidrios conservan los orificios de las balas. Por el tamaño de los agujeros se puede saber que sólo un arma autorizada para uso exclusivo del ejército hubiera podido hacerlos. También en la pared hay otras huellas de las balas, una marca de aerosol las identifica como parte de la escena del crimen.

Nos acomodamos en un semicírculo frente a las cruces. Algunos normalistas y padres de los 43 desaparecidos ofrendan una corona de flores blancas y un collar de cempasúchil. Un señor del pueblo comienza a rezar un rosario, luego esparce agua bendita en la tierra donde se arraiga la memoria de los dos normalistas. Se gritan consignas y continuamos la marcha. A medio camino entre Periférico y nuestro destino final, tomo conciencia de que estamos haciendo, posiblemente, el que fuera el último camino de Julio. Al parecer, él fue detenido a media cuadra del Periférico, pero no sabemos a qué altura lo agarraron y no sabemos a qué hora dejaron su cuerpo.

Se sabe que Rodolfo Antonio López Aranda, soldado de infantería, comisionado en el área de transportes del 27 Batallón, fue quien lo encontró a las seis de la mañana. El militar reportó que "se encontraba sobre el piso un cuerpo sin vida de una persona del sexo masculino, el cual se encontraba en una posición viendo hacia arriba *(sic)*; me percaté de que al cadáver le habían arrancado la piel del rostro, la lengua se la habían cortado y no tenía ojos; observo que uno de los ojos se encontraba a un lado". El militar desapareció luego de dar esta declaración, modificada más tarde por otros miembros del ejército.

Luego de unos cien o doscientos metros de caminata viramos hacia la izquierda, allí comienza el camino de terracería y se acaban las casas. A cambio aparece la compañía Aceros y tubos, una fábrica de reciclaje y la Coca-Cola que, a lo lejos, es el punto de referencia para saber que has entrado a Ciudad Industrial. Esta parte final de la marcha ha sido encabezada por Marisa, que carga la cruz a la altura de su pecho. Atrás de su camino se oye: "Marisa, escucha/ el pueblo está en tu lucha". Ella camina hasta llegar al poste de luz que tiene en letras rojas el nombre de su esposo; fueron escritas por sus compañeros el 27 de octubre del 2014. Al lado está una cruz de madera bastante decolorada, pues allí los rayos del sol caen inclementes todo el día. Enfrente hay un árbol que la gente de aquí llama laurel y la gente de fuera tamarindo; su follaje da sombra a un indigente y su perro, que nos miran llegar con cierto asombro. A la izquierda hay un terreno baldío, donde han venido a tirar cascajo porque el poder judicial no ha hecho nada por conservar intacta la escena del crimen.

Ya casi oscurece. Los maestros y los padres comienzan a cavar un hoyo con una barreta. Los demás nos acomodamos otra vez en semicírculo. Se oye: "Chilango, hermano/ tu muerte no será en vano" y "Se ve, se siente/ Marisa está presente". Cuando la cruz se clava en la tierra, Marisa comienza a llorar. Enrique, uno de los documentalistas que nos han acompañado también llora detrás de su cámara. Cómo no sentir el dolor que ese lugar tendrá por siempre. Una de las cosas que más recuerdan los familiares y amigos de Julio era que le gustaba caminar, cosa que quienes lo ejecutaron desconocían, pero no por eso deja de ser una cruel ironía que lo hayan abandonado en el Camino del Andariego.

Cuando la cruz queda bien asentada, algunas mujeres la adornan con un collar de cempasúchil y otras colocan una corona de flores. El señor del pueblo nuevamente reza un breve rosario y echa un poco de agua bendita. Otros también se acercan y dejan caer un poco de agua bendecida sobre el pequeño túmulo que se ha formado bajo la cruz. Al mismo tiempo, una voz de mujer canta: "Altísimo señor/ que supiste juntar/ a un tiempo en el altar/ ser cordero y pastor./ Quisiera con fervor, amar y recibir/ a quien por mí, quiso morir". La noche ya está entre nosotros, pero la luna llena ilumina el Camino del Andariego que se pierde en el horizonte. El mensaje que Marisa imaginó que Julio nos diría brilla sobre la cruz negra: de algún modo, Julio anduvo hasta llegar a su estrella.

ROSTRO

Yo siempre le decía: Tú estás loco, cabrón. La última vez que lo vi nos fuimos a dar un rol porque yo le estaba enseñando a manejar. Y ese día me dijo: Déjame el carro un rato, y pues ya se lo dejé. Le fallaba a la hora de meter los cambios, pero le gustaba mucho y me iba contando que extrañaba mucho a su familia. Me contó que había ido a escondidas a sacar su ficha a la normal; decía que ese lugar se lo había ganado él. Marisa no estaba de acuerdo en que fuera a estudiar hasta allá. También su examen lo hizo a escondidas, le dijo que venía para Teco, pero se fue a Ayotzinapa. Cuando me dijo que iba a dejar de estudiar en el Tecnológico, pues sí me agüité, porque ya me había acostumbrado a que fuéramos juntos a la escuela. Luego la gente no nos creía que fuéramos hermanos. Se nos quedaban viendo, y ya después de un rato decían: No, pues sí, porque sí nos parece-

mos. *Yo, ese día de la cena en casa de Peluchín, le decía que no se hubiera ido hasta allá, porque estaba muy lejos. Y me dijo que pus ya ni modo, que se iba a esperar a terminar el semestre para poder cambiarse. O que en último caso se iba a meter a la Federal o al ejército, porque allí te pagan bien.*

Tienen ojos y no ven...

24 de septiembre de 2015

En el marco del ayuno para conmemorar y protestar por la desaparición de los 43 normalistas y la ejecución de tres estudiantes, entre ellos Julio César Mondragón Fontes, la Presidencia de la República admitió reunirse por segunda ocasión con los familiares en el Museo Tecnológico de la Comisión Federal de Electricidad. Nuevamente, Marisa Mendoza, viuda de Julio, asistió a la reunión; esta vez acompañada por Olivia, una de sus hermanas, y por la abogada del caso. Las restricciones para el ingreso han sido mucho más escrupulosas que la vez anterior: hay una lista que los elementos del Estado Mayor revisan para dejar entrar a las personas; no se ha permitido el acceso a medios y todos los asistentes tuvieron que dejar sus aparatos telefónicos antes de entrar al museo. Probablemente quieran evitar que, como ocurrió en la primera reunión, se filtren videos donde se evidencie la negligencia y pusilanimidad de la presidencia en torno al caso.

Durante el lapso entre la primera y la segunda reunión con el presidente Enrique Peña Nieto (EPN), Marisa compareció ante el juzgado de Iguala para pedir la exhumación del cuerpo de Julio César y las fotografías tomadas cuando se levantó el cuerpo. Son trece imágenes que incluyen acercamientos al rostro sin piel, al cuello sin piel, al torso moreteado y al cuerpo de Julio en el Camino del Andariego, sobre un charco de sangre y lodo. Hasta este momento esas trece fotografías son las pruebas más contundentes de la tortura sufrida por el estudiante originario del Estado de México. Marisa las lleva en un CD.

La reunión está organizada para que cada uno de los funcionarios intervenga: Osorio Chong, Arely Gómez y el mismo EPN no hacen sino tratar de sustentar inútilmente algunas líneas de la llamada "verdad histórica". Marisa se levanta para ir al baño: hay necesidades más urgentes. Algunos de los integrantes del

Grupo Interdisciplinario de Expertos Independientes (GIEI) hacen entrega de una copia de su primer informe, presentado días antes, donde se cuestiona y derriba la versión oficial sobre la quema de estudiantes en el basurero de Cocula. Una de las principales recomendaciones es la realización de una segunda autopsia al cuerpo de Julio, ello en virtud de la proverbial ineptitud al realizar la primera.

La premura con que se lleva a cabo la reunión obligó a Marisa a tomar la palabra para reclamar la falta de resultados en torno al caso de su esposo. Incluso el hecho de que la exhumación que estaba programada para ese mismo día tuvo que posponerse por falta de infraestructura y voluntad del Tribunal de Estado de México, donde Enrique Peña Nieto había sido gobernador. En su mano esgrime el CD, mientras aclara que su objetivo al asistir a la reunión es entregar esas fotografías, conseguidas no por la Procuraduría ni por la oficina encargada del caso, sino por esfuerzos propios.

Vengo a entregarlas, dice, para que sean integradas a la investigación, para que esas imágenes sean tomadas en cuenta por quienes están a cargo de impartir justicia. Un elemento del Estado Mayor se acerca con la intención de tomar el CD, pero Marisa se lo niega. Sólo se lo voy a dar al presidente. Ante la invocación de su cargo, EPN se ve obligado a levantarse y toma el CD en sus manos. Quiero que las vea, le dice Marisa.

Rostro

Una vez fuimos al cine. La película era sobre un chico que se enamora de una chava, pero al poco tiempo, lo atropellan y se muere. Luego él aparece en el cielo. Julio me comentó que él se visualizó allí, que se identificó muchísimo, que sentía como si lo hubiera vivido. Yo no comprendía por qué me lo decía. En una parte de la película, el chico le decía a la chava que su destino era conocerse y enamorarse, y Julio me dijo que nuestro destino también era que nos amáramos. Entonces tampoco entendí por qué me decía todo eso, pero ahora ya. Casi no me gustaba la música que él escuchaba, yo soy más de banda y así. Pero la última canción que me dedicó fue una que se llama "Ámame más", de Breiky; me la dedicó el viernes 26 de septiembre. Y esa canción la tengo muy guardada porque es todo lo que vivimos. "Fue difícil encontrarte/ y ahora no dejaré que te escapes... Pero me *gusta saber/ que no sé por qué te quiero/ eso es amor verdadero/ se siente en el corazón."*

EL LENGUAJE BIEN TRAJEADO

1º de octubre de 2015

El Salón Presidentes del Tribunal Superior de Justicia del Estado de México es un espacio de unos veinte metros cuadrados; hay una enorme mesa rectangular de caoba, rodeada de cómodas sillas que poco a poco van ocupando los asistentes a esa reunión de logística en lo referente a la próxima exhumación del cuerpo de Julio César. La parte inferior de los muros está cubierta de madera, también caoba, y la parte posterior está decorada con retratos de los que han sido presidentes del Tribunal: ninguna mujer. Ha sido necesario acudir a esta instancia porque el panteón de San Miguel Tecomatlán está bajo la jurisdicción del Estado de México.

A la reunión ha llegado personal de la Comisión Nacional de Derechos Humanos que, a solicitud de la familia de Julio, fungirán como observadores en la diligencia de exhumación; Mercedes Doretti, directora del Equipo Argentino de Antropología Forense; Omar Gómez, en representación del GIEI; un equipo de la Comisión Especial de Atención a Víctimas (CEAV); la diputada Cristina Ismene Gaitán, de la Comisión Especial para el caso Ayotzinapa –aunque se invitó a toda la Comisión, sólo ella asistió–; la presencia de estas personas e instituciones fue gestionada por la abogada. Marisa Mendoza y su hermana Olivia han llegado desde temprano, acompañadas por Sayuri Herrera e integrantes del colectivo El Rostro de Julio, así como dos psicólogas de Aluna que dan acompañamiento psicosocial a la familia del normalista.

Por parte del Tribunal de Justicia del Estado de México se encuentran el magistrado Martín Alvarado, asistente personal y encargado de comunicación social del magistrado Palemón Jaime Salazar Hernández, quien presidirá la sesión de esta mañana y que en representación del presidente del Tribunal se ha hecho cargo de todas las reuniones referentes al caso. Vestido de riguroso traje y sobria combinación entre camisa y corbata, el magistrado mira a su alrededor, sonríe, junta sus manos de pulcras uñas y anuncia que estamos aquí para diligenciar el traslado de un cadáver. La jueza de Tenancingo no vendrá, dado que esta reunión es sólo técnica.

El cadáver al que se refiere es el cuerpo de Julio, quien estaba vivo hasta hace apenas poco más de un año, pero Salazar Hernández se atiene al áspero término que le permite tomar distancia de la víctima directa de una ejecución extrajudicial. Quince días después, este funcionario, que en esta reunión omitió el nombre de Julio, recomienda a jóvenes abogados pensar cada día en esa protección a los derechos humanos durante el Tercer Certamen Nacional Universitario CONATRIB. Lo que no dirá a los asistentes de dicho certamen es que lo principal es mantener siempre un lenguaje técnico, no humano. Entre más técnico mejor, entre menos persona veamos a la víctima mejor, para qué decir: Julio, veintidós años, padre de una bebé, esposo de una mujer, hijo de una madre, eso podría, no sé, acercarnos un poco a la víctima, sentir por un momento que podemos ser iguales a esas personas violentadas.

Mejor usar *cadáver*, esa es la distancia precisa para poder mostrar su blanca sonrisa, mantener su velo de honorabilidad y negar, cuando sea conveniente, la ayuda solicitada.

En días pasados se había considerado realizar la segunda autopsia en el Estado de México, para no arriesgar el cuerpo de Julio durante el trayecto a la Ciudad de México; no obstante, para las radiografías se requiere una máquina muy sofisticada que, en este país tan lleno de fosas como centralista, sólo se encuentra en la Coordinación General de Servicios Periciales de PGR (Procuraduría General de Justicia), en la CDMX. En la reunión donde se le informó de esta necesidad, el magistrado no ocultó su renuencia ante este traslado, que implicaba un menor protagonismo del Tribunal del Estado de México en un caso mediático. Pero las especificaciones del EAAF eran rotundas: si las radiografías no se realizaban con una máquina como la de PGR no habría garantías de éxito, sobre todo por el hecho de que el cuerpo llevaba un año enterrado.

A pesar de esto, el magistrado habría podido apoyar a la familia facilitando que pudiera realizarse una misa antes del segundo entierro. En vano, la abogada le explicó que esa petición era de suma importancia para los Mondragón y los Mendoza, además de que este tipo de medidas están contempladas en la perspectiva de reparación contenida en la Ley General de Víctimas. Salazar Hernández se limitó a preguntar en tono tranquilo y desprovisto de emociones: ¿Acaso no hubo ya una misa cuando se realizó el primer sepelio? La abogada respondió con otra pregunta: ¿Qué haría usted si fuera de su familia?

El ominoso silencio que siguió a esa pregunta podría llenarse con otras tantas: ¿Cómo se atreve a pensar que alguien de mi familia se pueda encontrar en esa situación? ¿Cree usted que alguno de mis hijos estudiaría en una Normal Rural? ¿Cree que alguno de los míos podría morir de ese modo? Pero ese día el silencio se llenó con más silencio. Hasta que la abogada dijo: Haremos la misa en la Ciudad de México. Por estas razones, la reunión de hoy, como enfatizó el magistrado Salazar Hernández, será sólo para resolver cuestiones técnicas.

A pesar de que la reunión estaba convocada a las diez de las mañana, a las once y cuarto los peritos de la PGR no habían llegado, lo cual impedía hacer acuerdos sobre las cuestiones logísticas. Aunque se les había enviado la ubicación por Whatsapp, los peritos llevaban perdidos casi una hora en las calles del pequeño Centro Histórico de Toluca. Mientras los esperamos, además de escuchar los apuntes técnicos del magistrado Palemón, tomamos el té o café que las amables recepcionistas, única presencia femenina por parte del Tribunal, nos sirven acompañadas de galletas y sonrisas felices, como si no vivieran en el estado con mayor índice de feminicidios.

Finalmente, los peritos de la PGR llegan y la reunión puede comenzar. Mercedes Doretti, del Equipo Argentino de Antropología Forense, expone las necesidades que tienen: una carpa suficientemente grande para cubrir el área de la exhumación, un cerco de seguridad para evitar que se tomen fotografías, permisos pertinentes de los servicios sanitarios para que no haya problema durante el traslado, garantizar la cadena de custodia del féretro y el cuerpo de Julio en el traslado a la Ciudad de México. Las psicólogas de Aluna se comprometen a enviar por correo electrónico el protocolo de exhumación emitido por la ONU, en principio para que lo conozcan, pues poca difusión ha tenido entre el Poder Judicial, y en segundo lugar para observar en todo lo posible las recomendaciones contenidas.

Se ha dedicado un apartado para hablar de los medios de comunicación, pues la estrategia del colectivo El Rostro de Julio para el día de la exhumación es evitar exponer a la familia de Julio, en situación de vulnerabilidad, a una entrevista y también evitar que se tome alguna fotografía, pues por cuestiones protocolarias el ataúd debe ser abierto para que la jueza constate lo que hay dentro. El encargado de comunicación social sugirió que lo mejor era prepararse para los medios porque de todas maneras se van a enterar, arguyó muy seguro de la filtración. Por ello se acordó establecer una coordinación entre el Tribunal y los acompañantes de la familia.

Casi al finalizar la reunión, uno de los funcionarios preguntó, muy asombrado: ¿Por qué quieren exhumar a este joven? Nadie contestó porque, o bien el tipo no sabía realmente de qué se hablaba o era una provocación a la que no valía la pena responder. Casi al mismo tiempo, una de las correctas y bien presentadas recepcionistas se acercó al magistrado Palemón, después de lo cual este se despidió diciendo que ya todo estaba resuelto y que tenía una reunión por atender.

Todavía unos minutos después, el licenciado Alvarado mantuvo la atención de los presentes con el pretexto de tratar aspectos más específicos con los familiares de Julio. Poco duró esta representación, pues Mercedes Doretti, quien necesitaba retirarse pronto, regresó a la sala diciendo que no había podido salir porque en la entrada del tribunal había reporteros, que le pidieron una declaración y que el magistrado Palemón estaba dando una entrevista: su "urgente reunión".

Alboroto de voces; unos van, otros vienen. Alvarado alcanza a decir que no sabe cómo se enteraron los medios de la reunión, que evitará que los medios acosen a Marisa. Las sonrientes recepcionistas indican el camino de lo que debe ser la salida de emergencia del presidente del Tribunal, pues hay que pasar por una oficina más grande y lujosa, donde cabrían al menos dos departamentos de interés social, luego hay una escalera de caracol recubierta de madera. Al final de la escalera está la puerta trasera del Tribunal, donde nos entregan las credenciales que dejamos al entrar.

ROSTRO

Éramos inseparables. Luego también cuando tenía problemas con su mamá, me decía que no quería ir a su casa a comer, y yo le decía: No te preocupes, vente a mi casa. Y ya yo me ponía a cocinar, le hacía huevos o arroz. Le gustaba arrimarse al fogón para poder sacar las tortillas y comérselas cuando acababan de salir del comal. Otras veces nos íbamos por la vereda de la Peña Blanca, por el terreno de su abuelito, y nos llevábamos unas hachísimas para cortar madera, y le dábamos duro, pero pues nos dimos cuenta de que nos salían ampollas. Luego vimos unos encinitos y él me dijo: No es por nada, pero yo sí me cargo uno de esos, y se puso a tirarlo. Luego ya no lo podíamos cargar, porque había chupado mucha agua de las lluvias. Y ni entre los dos podíamos cargarlo. Entonces Julio dijo: Vamos por mi carnal, porque entre los dos no vamos a poder.

ATAJOS PARA LA LEY

9 de octubre de 2015

La Ley General de Víctimas, aprobada el 25 de abril de 2013, fue uno de los resultados del Movimiento por la Paz con Justicia y Dignidad en México, encabezado por Javier Sicilia a raíz del asesinato de su hijo. Especialistas del Instituto Nacional de Ciencias Penales (INACIPE), Organizaciones No Gubernamentales y víctimas fueron los encargados de realizar lo que sería una legislación ejemplar. Esta ley contemplaba la conformación de un organismo autónomo del Estado que velara e instrumentara sus disposiciones. Así surgió la Comisión Ejecutiva de Atención a Víctimas, coordinada por un cuerpo colegiado de siete miembros, que con el tiempo irían desertando. En octubre de 2015, ya sólo quedaban tres, entre ellos Julio Hernández Barros, familiar político de Sicilia y también abogado; Susana Pedroza de la Llave, quien renunció vía Twitter a finales de 2016, acusando corrupción en la institución, y Jaime Rochín, quien fuera comisionado presidente hasta noviembre de 2016.

"La reparación integral", contemplada en el primer artículo de la LGV, "comprende las medidas de restitución, rehabilitación, compensación, satisfacción y garantías de no repetición, en sus dimensiones individual, colectiva, material, moral y simbólica". Por *restitución* se entiende que la ley busca devolver a la víctima al estado anterior a la violación de sus derechos humanos; por *rehabilitación*, que busca facilitar sus condiciones para hacer frente a los efectos que pudieran haber causado la violación a sus derechos humanos; la *satisfacción* busca reconocer o devolver la dignidad a quienes han sido víctimas. El rubro de *compensación*, uno de los que más resquemores suscitó desde la redacción de esta ley, contempla subsanar económicamente los perjuicios, sufrimientos y pérdidas de una manera proporcional al hecho que violentó los derechos de las víctimas. *Garantías de no repetición* se refiere a que los hechos ocurridos no vuelvan a suceder en otros sujetos de la comunidad.

"Es un primer ejercicio y le faltan muchas cosas", declaró Jaime Rochín a Javier Solórzano al referirse a la LGV. Dicho de otra manera: no hay caminos para que la letra legal se vuelva una realidad. Difícilmente se podrá devolver a una persona al estado anterior a que sus penurias comenzaron a causa de la violación de alguno de sus derechos; no hay tabulador que establezca cuál es el equivalente económico para una desaparición forzada y de qué manera se devolverá la dignidad de alguien cuyos huesos dispersos en una fosa no permiten identificar de quién fueron. Nos podríamos pasar días pensando en cómo garantizar que una ejecución, secuestro o desollamiento no vuelvan a ocurrir en México.

Para acceder a estos posibles beneficios, al menos en términos escritos, es necesario ser parte del Registro Nacional de Víctimas (RENAVI), y para ello sólo hay que seguir los siguientes sencillos pasos: primero, llenar la solicitud que luego será valorada en función de si la violación es de índole federal o local. Si es lo primero, felicidades, se puede pasar a la siguiente etapa, donde se valorará su calidad de víctima. ¿No sabe cómo estar seguro de si es o no una víctima? No se preocupe, no le tocará a usted decidirlo: eso dependerá de que la PGR o la CNDH elabore y envíe a la CEAV un documento donde se le reconozca como tal. Con estos sencillos pasos usted habrá sido incorporado al Registro Nacional de Víctimas, que abrirá un expediente con su caso y reparará, eventualmente, la violación que haya sufrido. A pesar de que este proceso es fácil de describir, una persona que aspira a ser reconocida como víctima puede tardar varios meses en el proceso burocrático, en el que será revictimizada; la ventaja es que así no habrá duda de su calidad.

En el mercado victimizador que es México hay quienes valen más que otros. Una víctima cuya reparación no será cubierta por los medios de comunicación no es tan importante como otra que lleva los reflectores a donde vaya; una víctima que no es politizada o que no demanda activamente el cumplimiento de la justicia es más valiosa de reparar, pues incluso agradecerá los buenos oficios de una institución que, apenas creada, comenzó a ser devorada por los vicios del gobierno mexicano.

* * *

El edificio que aloja las oficinas de la CEAV tiene al menos siete pisos y se encuentra en la colonia del Valle. En una de las salas interiores, con capacidad para al menos diez personas y equipada con mobiliario nuevo, se llevará a cabo una reunión convocada por la abogada y la viuda de Julio para solicitar que la CEAV se haga cargo de la compra del ataúd donde se enterrará por segunda vez el cuerpo del normalista, una vez que se hayan terminado los exámenes periciales. El féretro en que fue sepultado la primera vez –el 1º de octubre de 2014– se descuadró mientras era bajado a la fosa.

La presencia de Afrodita Mondragón, madre de Julio, es inusual, pues ella se ha mantenido al margen del proceso jurídico. Sin embargo, desde hace dos meses ha sido atendida por psicólogos de la CEAV, quienes han ido hasta su casa en el Estado de México para darle consulta. Ellos le avisaron de la reunión y le dijeron que era para ver en qué podían ayudarla, como institución. Aunque Afrodita ha mantenido en secreto –para su familia y la abogada– las consultas psicológicas que ha recibido, esta mañana ha tenido que llamar a Sayuri para que no le cayera de sorpresa verla en la reunión por la tarde y decirle que en las consultas nunca habla del proceso jurídico que involucra a Julio. Para asegurar la presencia de la madre de Julio, el personal de la CEAV ha ido por ella hasta su pueblo y al día siguiente también la llevarán hasta la puerta de su casa, luego de acompañarla a hacer unas compras en el Centro para el pequeño negocio que le sirve más de distracción que para generar ganancias.

Marisa Mendoza y Sayuri Herrera llegaron juntas a la sala donde ya los esperan Afrodita Mondragón y Hernández Barros, quien ha pedido para la madre de Julio ensalada de pollo. Son las seis de la tarde. El comisionado de la CEAV manda a pedir hamburguesas con papas a la francesa para las recién llegadas y la sesión comienza. Sayuri le informa sobre los detalles de la exhumación y va al punto: necesitan que la CEAV absorba los gastos funerarios que se generarán con el segundo sepelio, lo cual incluye la compra de otro féretro. Hernández Barros accede y aprovecha para exponer la importancia de que las víctimas de este caso vayan tramitando la reparación integral. Afrodita, que ha estado comiendo su ensalada durante la reunión, le pregunta si la CEAV podría arreglar sus dientes luego de una lesión sufrida hace unos meses, cuando se cayó de una escalera recién había sepultado a su hijo. El comisionado escucha mientras intenta desviar la vista de la encía que la madre de Julio ha dejado al descubierto para dar veracidad a sus palabras.

La reunión termina sin que lleguen los paquetes de *fast food* para Marisa y Sayuri. La viuda y la madre de Julio deben pasar a una valoración médica y psicológica, requisito para que proceda la solicitud al fondo de ayuda inmediata que cubrirá los gastos funerarios. Son llevadas a salas distintas: a Afrodita le hacen firmar la solicitud de fondos de ayuda y la solicitud de acceso al fondo de compensación. Marisa sale de la entrevista psicológica llorando: "Me dijo que estoy muy mal, considerando el tiempo que ha pasado", alcanza a decir entre su llanto. En ese momento, personal de la CEAV se acerca para pedirle que firme las dos solicitudes (fondo de ayuda y de compensación), pero ella se niega, entre otras cosas porque los documentos están en blanco. Marisa espera a Afrodita, quien le pidió hospedaje esa noche en su casa, pues ya es muy tarde y al otro día todavía tiene que ir al Centro a hacer sus compras. Mientras Marisa espera a su suegra, Julio Hernández Barros baja de su oficina y le insiste en que firme las solicitudes para iniciar los trámites de la reparación integral.

Un proyecto de reparación integral es algo que ni la abogada ni Marisa han considerado, pues por el momento la segunda necropsia ha ocupado sus energías. Marisa trata de explicarle eso a Hernández Barros. Claro que le gustaría que su hija tuviera asegurada su educación, una pensión alimentaria, una casa propia, pues su casero ya ha intentado correrla en dos ocasiones porque no le gusta que vayan tantos policías y gente de Gobernación.

Hernández Barros propone que para eso de la vivienda sería más fácil si fuera un caso de des- plazamiento forzado, por ejemplo, sugiere, si Ma- risa dijera que vivía en Guerrero y que a raíz de los hechos ocurridos hubiera tenido que mudarse a la Ciudad de México, entonces sería más fácil. Marisa le explica que ella es originaria de Tlax- cala, que allí vivió hasta que le dieron una plaza de maestra en la Ciudad de México, que es donde estaba cuando mataron a su esposo. A veces es necesario hacer trampa para hacer cumplir la ley, dice quien en octubre de 2016 asumiera la presidencia de la CEAV y, en un video promocional, a un mes de su gestión, se jacta de que en el primer día de su mandato se otorgó ayuda a catorce víctimas del caso Ayotzinapa –jugadores lesionados del equipo Avispones Verdes de Chilpancingo– sin sentencia de ningún juez ni recomendación de la Comisión Nacional de Derechos Humanos, como estipula la Ley General de Víctimas.

Marisa Mendoza sólo firmó la solicitud del fondo de ayuda para pedir el ataúd para Julio; pañales y leche para su bebé.

* * *

La bebé de Marisa y Julio tenía apenas un par de meses cuando el cuerpo de Julio fue encontrado. Marisa se enteró por internet de que el cadáver sin rostro era de su esposo, donde vio las fotografías y reconoció algunas marcas en la piel. La misma tarde del 27 de septiembre, Marisa viajó a la Normal de Ayotzinapa y luego a Chilpancingo, donde recogió el cuerpo de Julio. Entre el asedio del gobernador que le ofreció dinero, el de los medios que querían una entrevista y el duelo por la muerte de su esposo, a Marisa se le fue la leche. La bebé desarrolló reflujo y desde entonces, por prescripción médica, tuvo que tomar una fórmula especial.

Luego del primer contacto con la CEAV se habló de que cubrir las necesidades de la niña era algo indispensable y de que eso entraba en el rubro de la ayuda inmediata. Así fue como se acordó que la CEAV le daría una ración de leche y de pañales. Sin embargo, esta *ayuda* tan sencilla suscitó muchos inconvenientes, primero en cuanto a la entrega, que no siempre era en las fechas y horarios acordados, pues Marisa tuvo que esperar en su casa inútilmente a que el personal de la CEAV llegara en varias ocasiones. Por suerte para la bebé, Marisa, su familia y pequeñas donaciones de la sociedad civil fueron más constantes. En lo que sí eran muy rigurosos era en que los recibos fueran firmados.

Los beneficios de la CEAV hasta noviembre de 2015 habían sido: tres paquetes de pañales y dos botes de leche de ochocientos gramos, entregados el 14 de septiembre; dos paquetes de pañales y una lata de leche, entregados el 30 de septiembre; y finalmente, el 15 de octubre entregaron cinco paquetes de pañales y una lata de leche. Ante las insistentes preguntas de Marisa sobre la tardanza y escasez de ayuda, los empleados de la CEAV terminaron por confesarle que la compra de esos insumos corría por su cuenta, es decir, ellos mismos tenían que cooperar de su bolso para poder comprar las cosas y entregárselas.

Rostro

Cuando lo conocí tenía como dieciocho y yo dieciséis. Era muy alegre, le gustaba la música, le gustaba dar consejos; aunque estuviera triste, te sonreía. Quería sacar una carrera, que su familia estuviera muy orgullosa de él, quería apoyar a su mamá. Tenía un corazoncito de pollo. No le gustaba ver a alguien enfermo o en silla de ruedas. Si te veía triste, se ponía triste. Sabía escoger a sus amigos, era muy sociable y protector. Le hablaba más a las chavas. Con los chavos no se llevaba bien, porque eran muy desastrosos. Era medio cotizado; le daba pena, pero sí bailaba. No tenía novia cuando lo conocí en el COBAEM. A veces se quedaba enojado, pero no te decía sus razones. Se llevaba la mano a la barbilla y decía: Es que, ¿cómo te digo, cómo te digo? Tenía una relación muy bonita con su familia, porque se llevaba muy bien con su mamá y su hermano. Llegaba y le daba besos a su mamá. Se preocupaba por las demás personas. Sabía escuchar, era muy paciente y te daba su consejos o su punto de vista. Cuando estaba en la Normal de Tenería siempre andaba cargando una libreta. Escribía y cantaba. Le gustaba el hip hop. Era como muy poeta. Te decía frases que quién sabe de dónde sacaba. Siempre andaba cantando canciones. Él como que soñaba mucho y te despertaba del ánimo. Me decía que teníamos que ser como las águilas. Se ponía mucho a investigar. No le gustaba quedarse estancado. Le gustaba conocer, explorar más allá de la vida.

EXHUMACIÓN. PRIMER DÍA: CÁMARA SEIS

4 de noviembre de 2015

> Entonces todos los hombres de la tierra
> le rodearon; les vio el cadáver triste,
> emocionado;
> incorporóse lentamente,
> abrazó al primer hombre; echóse a
> andar…
>
> CÉSAR VALLEJO

Ya vamos a empezar, dice la jueza de Tenancingo, Verónica Contreras, que ha diligenciado la exhumación del cuerpo de Julio César Mondragón Fontes. Debajo de la carpa blanca, proporcionada por los peritos argentinos y montada una media hora antes, los rascadores comenzarán la labor de ir hacia el pasado, hasta la noche del 26 de septiembre de 2014. Lo primero es quitar la cruz de piedra, puesta apenas hace poco más de un mes con motivo del primer aniversario luctuoso de Julio César. Luego quitan la de metal, recuerdo de su hija y de su viuda. Se oye el primer golpe de la pala contra la tierra: a partir de este momento sólo se escuchará el golpeteo como música de fondo, interrumpida por la estridente voz de la jueza que no escatima energías para asegurar su protagonismo en la diligencia.

Luego de muchas idas y vueltas a Iguala, Tenancingo y Toluca, de escuchar con impavidez a Sagrario recomendar a Marisa que mejor tome su dinero y deje las cosas como están porque en este país nunca hay justicia; luego de que la abogada ha elaborado oficio tras oficio para no dejar cabos sueltos que puedan ser usados contra el caso, llegamos a este día. Este miércoles 4, el panteón todavía está vestido de 2 de noviembre: nardos, cempasúchil y azucenas lo adornan. El sol cae a plomo sobre nuestras cabezas; alrededor de la carpa hay una valla de policías de todo tipo: ministeriales, estatales y federales; dos zopilotes planean muy por encima del panteón de San Miguel Tecomatlán.

En el primer cerco están la jueza y sus dos

secretarios de acuerdos, Marisa, su abogada, su psicóloga de Aluna y los veintidós peritos que ejecutarán los exámenes periciales de esta segunda necropsia: nueve pertenecen al EAAF (Equipo Argentino de Antropología Forense), siete son de la PGR, cuatro vienen por parte de la defensa de los policías imputados por el homicidio de Julio César y dos serán observadores de la CNDH. También se encuentra personal de sanidad, de fumigación y otros funcionarios federales, estatales y municipales. En el segundo cerco se encuentran los tíos y primos de Julio, acompañantes del caso provenientes del colectivo El Rostro de Julio y otros de Aluna. El tercer cerco está destinado para curiosos, funcionarios menores, prensa y más policía.

En poco tiempo, junto al hueco en que se va convirtiendo la tumba de Julio, se forma un montón de tierra que ya alcanza la altura de la barda que rodea el panteón. No pareciera que en ese espacio tan pequeño haya cabido toda esta tierra. Lo primero que se encuentra es una pequeña caja de madera, que tiene la forma de un ataúd. Allí está la sombra, dicen. En Tecomatlán lo que queda de la cera, los pétalos que caen de las flores y la cal que forma la cruz en los velorios es la sombra del difunto; todo eso se guarda en una caja y se entierra junto con la persona. Así, lo primero en salir es la sombra de Julio, que rápidamente es medida y abierta por los peritos para verificar su contenido.

Una bota hunde el filo de la pala contra la tierra para ir sacando poco a poco la primera capa que cubre el cuerpo de Julio; una palada tras otra, finalmente se llega a la losa que cubre el féretro. Entonces el trabajo se intensifica para los rascadores, que ahora tienen que romper la losa de concreto. Pedazos de piedra saltan desde el punto central, luego piedra a piedra se deshace no sólo la losa, sino también la primera sepultura de Julio: una sepultura hecha en medio del dolor, con apresuramiento y con miedo de que el cuerpo fuera robado.

El desgaste físico es para los rascadores y el desgaste emocional para los familiares que ahora están desenterrando en sus recuerdos esos últimos días de septiembre hasta el primero de octubre, día en que Julio fue sepultado. La madre de Julio se distrae preparando y obsequiando a todos los presentes pan, chocolate y agua de limón.

Marisa no ha dejado de estar atenta a todo lo que hacen los sepultureros y los peritos; por ahora se ve tranquila. Los demás tratamos de acompañar de la mejor manera.

Con mucha maña y algunos lazos logran sacar el féretro. Será necesario abrirlo para que las autoridades pertinentes y los familiares constaten que ahí dentro está el cuerpo de Julio. Se toman las medidas necesarias: que todos tengan tapabocas, que sólo estén presentes los familiares, que se cumplan los protocolos. El féretro es azul con adornos plateados; por el paso del tiempo se ha oxidado y en los bordes se ha quedado algo de tierra. Lo primero es limpiarlo, pero no con agua, pues se podría filtrar algo de líquido y eso dañaría la evidencia. Más vale usar unos cuantos cepillos y toallas higiénicas. Después de asegurarse de que todo está en orden, se procede a abrir la caja. Sólo se oye el chirrido de la tapa, separándose un borde del otro como si de un párpado se tratara, y el cuerpo de Julio queda al descubierto, mirándonos desde la lejana e inolvidable noche del 26 de septiembre. Las vestiduras blancas del féretro se hallan manchadas de óxido y polvo; la cabeza vendada de Julio está levemente inclinada sobre su hombro derecho; a un costado, la figura del niño Dios. El escapulario sobre su pecho es el camino que nos guía hacia donde todavía se distinguen sus manos enlazadas, sujetando unas velas y un rosario; al final de las piernas se ven los zapatos color café, que eran sus favoritos, pues eran regalo de su joven esposa. Los cuidaba mucho, recuerda ella. En pequeños grupos pasan los familiares: tíos, primos, sobrinos, suegros, cuñada, esposa, y se enfrentan al cuerpo de Julio.

Después de asentar legalmente que ese es el cuerpo que la familia enterró el año pasado, el féretro vuelve a cerrarse. Comienzan entonces las maniobras para subir el ataúd a la ambulancia que lo trasladará a la Ciudad de México. En el vehículo sólo podrán viajar una perito del EAAF y uno de la PGR, para asegurar la cadena de custodia. Previamente se ha organizado una caravana que permita la llegada sincronizada de todos los vehículos a la Coordinación General de Servicios Periciales: una patrulla, la ambulancia, un auto donde va Marisa con su acompañamiento, otro auto donde va la familia de Marisa y finalmente otra patrulla.

La caravana es un fracaso y cada quien llega como puede. Entramos a la Coordinación de Servicios Periciales y acompañamos a la familia en la última parte del proceso de este primer día. En presencia de Marisa abren los sellos de la ambulancia, bajan el féretro azul, nuevamente lo abren para constatar que el cuerpo sigue ahí, cierran la tapa y el ataúd es conducido al refrigerador, dentro de la cámara seis. En la puerta se colocan los sellos que mañana serán rotos para comenzar los trabajos de la segunda autopsia, en la que los peritos tratarán de traducir en lenguaje forense lo que el inerte y rígido cuerpo de Julio tiene que decir.

ROSTRO

Aquí en Teco se da una flor morada que se llama huazúchilt, es un tipo de orquídea que se da sobre todo en las cañadas. Íbamos a cortarla. Él me amarraba con muchas cuerdas de los pies y de los brazos y ya me iba bajando. Un día bajaba yo y otro día bajaba él. Bajábamos temblando de miedo. Luego ya íbamos a vender las flores a Toluca. Y pues dependía de la gente: si veíamos que tenían dinero, pues se las dábamos caras; si veíamos que no tenían dinero, hasta se las regalábamos.

Segundo día: cuando la justicia ofende

5 de noviembre de 2015

La Coordinación General de Servicios Periciales de la PGR se encuentra alojada donde una vez fuera el centro de distribución de Knorr Suiza, sobre Río Churubusco. El lugar no puede ser más inhóspito: pocas vías para acceder, una puerta de acero custodiada por policías, ningún letrero que indique el nombre de la dependencia, un terreno baldío hace las veces de estacionamiento, el sonido del tren suburbano eventualmente interrumpe el silencioso paisaje. Justo enfrente hay otro terreno baldío, apenas cubierto por una barda mal puesta, en donde se tira cascajo y basura.

Todas las actividades del Semefo serán suspendidas durante los días que va a durar la autopsia de Julio. Las autoridades, a pedido expreso de la familia, han habilitado una sala para que puedan permanecer en el lugar mientras los peritos trabajan. El olor del salón, que no mide más de cuatro por cinco metros, denuncia las labores a las que está habituado el espacio, ya que pasados unos minutos el olfato se acostumbra o deja de funcionar en defensa propia. Las paredes están forradas de una especie de tela azul; nosotras colocamos una manta con el rostro de Julio, diseñado por la artista sueca Jan Nimo; enfrente ponemos unas macetas de cempasúchil y un arreglo floral que le fue obsequiado a Marisa. Después otras compañeras colocan un poco de fruta.

Previamente se acordó que el primer día de trabajo habría una reunión entre los peritos del EAAF, de la PGR y los imputados. Dado que el número de peritos ha llegado hasta veinticuatro, la reunión es más que necesaria; para ello, desde las nueve de la mañana están reunidos todos los especialistas, el MP de la PGR, la abogada Sayuri Herrera y algunos integrantes del GIEI. En el salón contiguo está la familia comentando un poco sobre las notas periodísticas que salieron a propósito de la exhumación del día anterior. Luego de un rato, se presentan Carlos Beristáin del GIEI y los coordinadores de cada equipo de peritos para leer ante la familia los acuerdos a los que han llegado sobre cómo conducir los trabajos de la necropsia. Entre los más importantes está que los resultados se darán a conocer a los familiares antes que a los medios; de igual modo se consultará con ellos sobre cada uno de los procedimientos a realizar. La reunión, aunque necesaria, ha llevado casi toda la mañana, por lo que se acuerda que después de una hora de comida volveremos a Periciales para que saquen el cuerpo de Julio, frente a la familia, y lo lleven a la sala donde realizarán los estudios pertinentes.

En el páramo de la zona de Periciales hemos encontrado un lugar para comer. Ha venido casi toda la familia desde Tlaxcala y Tecomatlán, incluso el abuelo de Julio está en la Ciudad de México. Naturalmente no hablamos sobre lo que está sucediendo. Casi siempre platicamos de cosas que suceden al paso, de las frases jocosas que hay en el restaurante –"Hay más tallas que vida, así que usted pida"–. Cuando llegamos a Servicios Periciales, los peritos ya sólo están esperando nuestra llegada para abrir la cámara seis, donde el día anterior fue depositado el cuerpo de Julio.

Sólo Marisa y la abogada Sayuri Herrera pueden acompañar a los peritos a la cámara seis. El resto de los familiares y acompañantes observaremos a través de la cámara de Gesell cómo se abre nuevamente el féretro donde descansa el cuerpo de Julio. Veremos, casi como el día de ayer, las cosas que acompañan sus restos: los zapatos, la figura del niño Dios, el rosario. Cada uno de los objetos será retirado para ser medido y escrupulosamente revisado, antes de ser embalado en una bolsa con las siglas de la causa 212-2014 para Iguala y 01-2015 para la PGR.

Las vendas, blancas todavía, cubren lo que fuera la cabeza sin rostro de Julio, es imposible apartar la mirada de esa dolorosa imagen y no sentir que algo de uno se queda adentro cuando los peritos cierran el ataúd. Siempre sobre una mesa de ruedas, se llevan la caja a la sala donde se harán los exámenes. Subimos al salón donde está la familia; se encuentra justo encima de donde se realizan las pruebas periciales. Es jueves, el segundo de los días en que se estudiará el cuerpo de Julio. Por la noche, los peritos argentinos nos informan –su costumbre es trabajar en relación directa con las víctimas– que han terminado la revisión, catalogación y embalado de las pertenencias de Julio. Nos vamos cansados, a pesar de que sólo estuvimos sentados toda la tarde.

Rostro

Luego otro día me dijo: Oye, ¿te acuerdas de la caminata esa? Y yo le dije que sí, y me dijo: Amos a echarnos otra, y yo le dije: Bueno. Y se metió a su casa y trajo una bolsa de mangos, y agarramos por el camino de San Simonito. Allí me invitó una cerveza y una sopa Maruchan. Luego ya le seguimos. Anduvimos por el monte. Él era buena gente, pero tenía un carácter como enojón.

Tercer día: en sus huesos, una historia

6 de noviembre de 2015

El viernes por la mañana, Marisa, su madre, su padre y su abogada tuvieron que comparecer con el licenciado Aarón Pérez Carro, recién nombrado titular de la Oficina de Investigación para el caso Iguala, en la Subprocuraduría de Derechos Humanos de la PGR. No es el mejor momento para trasladar el expediente del caso de SEIDO (Subprocuraduría Especializada en Investigación de Delincuencia Organizada) a la nueva instancia, pues el limbo administrativo creado por la carencia de un responsable en estos momentos de transición es ideal para que no se pueda interponer la solicitud de la prueba de ADN. Luego de recibir la promesa del licenciado Pérez Carro de que leerá el expediente —más de mil páginas,

¡claro!– para ponderar la pertinencia de la petición, Marisa y sus acompañantes vuelven a la coordinación de Periciales.

Al lado de la pequeña sala de espera en la que estamos, hay otro salón por cuyas ventanas se ven cajas apiladas, más de quince, con la etiqueta: "Basurero de Cocula". Si diera crédito a la mentira histórica difundida por la PGR, pensaría que el hecho de ponernos al lado de donde se guardan los supuestos restos de los compañeros de Julio es otra forma de tortura.

Camino por el pasillo buscando con quien compartir lo que acabo de ver y me encuentro a Sayuri con el doctor Retana, coordinador de Servicios Periciales. Me acerco y entonces soy partícipe de una de las conversaciones más bizarras y desalentadoras que recuerdo. El doctor nos pide que quitemos la manta azul, que tiene el rostro de Julio César con su playera y gorra rojas y la leyenda: "Memoria, justicia, verdad y reparación del daño para Julio César Mondragón Fontes. No te olvidamos, compa, seguimos buscando justicia". Según el doctor Retana la manta puede ser ofensiva –nunca dijo para quién– por eso de búsqueda de justicia, porque un trabajador de intendencia o alguien más podría pasar y al leer la frase podría malinterpretarla –nunca aclaró los posibles sentidos de esa desviación– y si la directora Medina Alegría se enteraba de ello podría llamarle la atención a él.

Casi al unísono preguntamos: ¿En qué sentido es ofensivo que una familia hable de buscar justicia? ¿En qué podría ser ofensiva una manta que los ha acompañado en tantos eventos? ¿Es más importante la percepción de cualquier persona que el sentir de las víctimas? ¿En qué momento la palabra *justicia* se volvió impropia en nuestro país? Ante estas preguntas, el doctor sólo repite lo mismo que nos ha dicho al principio. La conversación no avanza. Al cabo de un rato le decimos que si la directora llegara a llamarle la atención, nosotras asumiremos las consecuencias. No se preocupe, le decimos. En un último intento por hacerse obedecer, nos dice –no podía faltar en un país de simulaciones– que tal vez podríamos doblar la parte de la manta donde vienen las frases ofensivas y dejar sólo el rostro. Desde luego, no aceptamos.

Luego del incidente con el médico coordinador tenemos unos momentos de reposo, en los que hablamos de cosas anodinas, hasta que suben dos peritos: una del EAAF y otro de la PGR. Como es su costumbre los peritos argentinos acordaron reunirse con los familiares de Julio al final de cada jornada para dar cuenta del trabajo realizado y consultar los posibles procedimientos. Influidos por los acuerdos tomados la mañana del 5 de noviembre, los peritos de la PGR han optado por trabajar de esa misma forma.

Uno de los procedimientos necesarios para examinar los restos de Julio consiste en separar su cráneo de la columna vertebral, lo cual es necesario para poder hacer las radiografías desde todos los ángulos posibles. La información de por sí es consternante, pero la torpeza con que el perito de la PGR la expresa sugiere que algo del cuerpo de Julio ya no volverá a estar en el ataúd cuando se reinhume. La cara de Marisa refleja la aflicción que le causa el hecho y voltea a vernos a todos; sólo ella puede decidir al respecto, así que únicamente le devolvemos la mirada con todo el amor que podemos. Cuando Karla, la perito argentina, aclara que no se va a quitar nada del cuerpo de Julio y que al final se reacomodarán unos huesos junto a otros para que se vea como antes, Marisa está de acuerdo, que se haga lo necesario: Para eso lo sacamos, dice.

Marisa ha cambiado mucho desde la primera vez que la vi en la plancha del Zócalo. En ese entonces apenas pudo dar una entrevista porque le era imposible contener el llanto. Recuerdo la fotografía de cuando acababa de dar a luz a su hija: su rostro tenía algo de niña; ahora su gesto es el de una persona adulta, una mujer que ha tenido que madurar de golpe. Aunque con el paso de los meses ha ido cobrando fuerzas para tomar este tipo de decisiones y enfrentarse a algo que nadie tendría que vivir, en menos de un día su fortaleza es puesta a prueba de nuevo por otra situación más compleja.

Steve Symes es un perito experto en huesos, el mejor con que el que cuenta el EAAF; de hecho, la fecha de la diligencia estuvo supeditada a su agenda. Aunque no habla español, su capacidad comunicativa es lo suficientemente buena para transmitir el entusiasmo por su trabajo y la empatía que siente por las víctimas. A su lado está otra de las peritos del EAAF, que hará las veces de traductora. Steve explica que ha encontrado huellas de fractura en al menos diez costillas anteriores del cuerpo de Julio –la caja torácica tiene doce costillas anteriores y doce posteriores– y para poder radiografiarlas será necesario desmontarlas y retirarles el tejido blando. El procedimiento consiste –continúa Steve– en meter los huesos en agua caliente –*cook* es el verbo que usa el perito– y limpiar las costillas de todo músculo. Después de eso acomodarán nuevamente los huesos, pero ya no se verá como antes; es decir, tal vez ya no se podrá vestir el cuerpo de Julio, pues sólo quedarán los huesos desmembrados. Las facciones de Marisa poco a poco se descomponen. El perito aclara que entiende lo complicado de la decisión y que no espera una respuesta inmediata, que puede esperar al siguiente día. Sugiere que también podría cortar sólo la parte del hueso involucrado. Las marcas en algunos huesos son mínimas, dice; para alguien con poca experiencia podrían pasar desapercibidas, pero no para él: por eso requiere estudiarlas. Dice que con los estudios podría establecer la fuerza con que fueron perpetradas las fracturas y la dirección de donde vinieron los golpes. Cuando se marcha todos nos quedamos en silencio.

Raymundo, del Colectivo Contra la Tortura y

la Impunidad que trabaja en la zona de Guerrero, conoció a Marisa cuando ella pasó por la Normal de Ayotzinapa antes de ir a Chilpancingo, donde recogió el cuerpo de Julio en septiembre de 2014. Apenas se enteró de la exhumación se puso en contacto con ella para acompañarla en este proceso, pues sabe lo duro de este tipo de diligencias. Con respeto y firmeza pregunta si puede dar su opinión; Marisa asiente. Lo que van a hacer los peritos es acelerar el proceso que ocurriría de manera natural, es decir, el tejido blando eventualmente desaparece bajo tierra y queda sólo el hueso, antes de hacerse polvo. El mismo Raymundo añade: Esto nos duele a nosotros, pero a Julio ya no, Julio ya está descansando. Marisa mira a su mamá y su papá, que han estado con ella durante todos estos días. Su padre se muestra de acuerdo en que lleven a cabo ese procedimiento, pero al final ambos le dicen que la apoyarán en lo que decida. Una de las terapeutas de Aluna propone esperar al día siguiente para comentar la cuestión con la madre, el hermano y los tíos de Julio. Así, la decisión no dependerá sólo de ella. El rostro de Marisa se tranquiliza un poco al escuchar esta sugerencia y dice que eso será lo mejor.

Rostro

Cerca del bordo hay un río. Juntábamos piedras de colores o sacábamos a los peces, pero si eran muy pequeños los dejábamos ir. Sólo si eran grandes los poníamos en una tina para ver si se reproducían. Como en el río hay muchas garzas blancas, a veces sacábamos a los peces y los poníamos en un palo para que ellas se los comieran; otras les lanzábamos resorterazos. A San Simón íbamos por pulque o a ver chavas. También jugábamos al billar, con el Artista, otro amigo con el que se llevaba pesado, pero se respetaban el uno al otro. Nos gustaba mucho hacer cosas que nos asustaran, como caminar en una cueva. Una vez Julio metió la mano en un panal y acabó con las manos hinchadas, pero con cuatro botes de miel. Yo le regalé un conejo, porque le gustaban mucho. Le hizo una casa con una caja de madera y le daba de comer hierbas. Como no se lo pudo llevar al DF porque Marisa

le dijo que allá no había lugar, lo dejó acá en Teco.
Creo se lo encargó a su hermano.

Entre todos, un rostro

7 de noviembre de 2015

Cuando llegamos a Periciales, la familia de Julio ya se encuentra en el salón tomando la decisión sobre lo que Steve Symes había planteado el día anterior. Por tratarse de una situación íntima y delicada, los acompañantes del colectivo El Rostro de Julio y Aluna se quedan afuera. Unas horas después nos avisan que acordaron que se lleve a cabo el procedimiento necesario para radiografiar las costillas; también refrendaron su voluntad de llevar a cabo una prueba de identificación genética pues, como no volverán a consentir una nueva exhumación, desean que el cuerpo de Julio sea sometido a todos los exámenes posibles de una vez. Nosotras hemos estado en la calle aledaña a Periciales, debajo del puente que forma Circuito Interior. Hemos recibido veladoras y flores, y esperamos a que lleguen bultos de cal y los compañeros del Sindicato Mexicano de Electricistas (SME) que acomodarán el templete y el sonido. Antes de eso llega Guadalupe, del CLAP (Conspiradores Libres de Aprendizaje), quien el mismo sábado por la mañana ha impreso una manta de cinco por siete metros, con un negativo, que su hermana sacó por la noche, del rostro de Julio. Junto con otros compañeros empezamos a preparar una pequeña ofrenda alrededor de la manta, para recibir a los compañeros que partirán de la Plaza de las Tres Culturas –tristemente célebre porque allí ocurrió la masacre de estudiantes el 2 de octubre de 1968– hacia Servicios Periciales, para estar un poco junto a Julio y su familia mientras se llevan a cabo las últimas examinaciones.

Alrededor de la manta blanca, donde unas líneas negras forman la sonrisa de Julio, colocamos las gladiolas y las veladoras que nos han traído. Otra compañera llega con el aserrín, la mitad pintado de negro y la otra mitad de color natural, con el que rellenamos el rostro de Julio. Algunos compañeros mezclan cal y agua para improvisar unas pintas sobre la pared que está enfrente de Periciales. "Justicia para Ayotzinapa" y "43" son algunas de las cosas que se escriben alrededor de las fotografías en gran formato de Daniel Solís Gallardo y Julio César Ramírez Nava, también ejecutados la noche del 26 de septiembre. Por la cercanía del Día de Muertos hemos encontrado todavía muchos manteles de papel picado y eso da un poco de color a las grises paredes que están frente al edificio de Periciales. Los compañeros el SME montan rápidamente el templete, justo debajo del puente para que los que van a hablar no sufran con el sol que cae a plomo desde mediodía.

La pequeña marcha es encabezada por la familia Mondragón y Marisa, que ha llorado durante casi todo el camino. Justo detrás de ellos vienen los normalistas de Ayotzinapa, muchos de los que fueron compañeros de Julio y que siempre se mantienen al pendiente de lo que ocurre con el caso. Otras personas se han solidarizado y caminan a su lado; aunque es una marcha pequeña, es entrañable. Llegan con mantas pintadas para Julio, con esténciles de su rostro para pintar las paredes del camino y que frente a Periciales también encuentran su lugar.

La música de la Banda Costa Chileña, sones de Guerrero, nos acompaña mientras acabamos de montar la ofrenda colectiva con las veladoras, flores y frutas que los marchantes han traído desde la Plaza de las Tres Culturas. La tarde está cayendo afuera de Periciales. En algún momento Mercedes, la directora del EAAF, reingresa a Periciales luego de comer y se queda sorprendida cuando ve todo lo que estamos haciendo para acompañar su labor. Apenas entra al laboratorio donde el resto de los peritos han estado trabajando todo el día, les cuenta lo que está ocurriendo afuera.

Mientras unos, puño a puño de aserrín, llenan el rostro de Julio en la manta del piso, otros van leyendo en primera persona fragmentos de la biografía de Julio, para traerlo de vuelta. Marisa, con los ojos hinchados, lee un fragmento y la noche ya casi ha llegado. Cuando todo termina comenzamos a recoger, sólo dejamos las flores y las veladoras.

A eso de las nueve de la noche volvemos a ingresar a Periciales, pues los peritos quieren despedirse de la familia, dado que es el último día que estarán allí. Además de la familia, del colectivo El Rostro de Julio y Aluna, esta vez nos acompaña Eduardo Maganda, secretario general del Comité Estudiantil de Ayotzinapa. Uno de los amigos de Julio, Chesman, ha regalado su sudadera, para que acompañe a Julio en el féretro. Le pedimos a Eduardo que se la ponga para tomarle unas fotografías. Reímos un rato porque, medio en broma, le pedimos que modele. Marisa tiene una libreta de dedicatorias para su hija Melisa y comienza a pasarla entre los que estamos allí para que escribamos unas palabras. Es difícil saber cuáles serían las palabras ideales para una niña que ha nacido con semejante herencia. Pero todos escribimos algo.

Estamos en ello cuando suben Steve Symes, dos de sus alumnos que han venido para asistirlo, y una perito del EAAF y nos dicen que al otro día sale su vuelo. Sin embargo, para él es importante despedirse de manera personal. Nos dice que en toda su carrera profesional es la primera vez que trabaja justo debajo de donde está la familia del cuerpo estudiado, que eso para él es algo significativo. También se muestra muy emocionado al recordar lo que Mercedes le contó sobre el evento de la tarde, dice que aunque no escucharon nada desde adentro, le parece importante que lo hayamos hecho. Dice que le parece que el caso de Julio puede hacer la diferencia en lo que está ocurriendo en México. Marisa le regala una de las impresiones del esténcil que unos compañeros elaboraron; allí mismo pide que alguien escriba *gracias* en inglés. Steve recibe emocionado el regalo y enrolla la cartulina. Después, a la salida, se detiene a tomarle fotografías al esténcil en la pared. Salimos de Periciales pasada la medianoche. Todas las pruebas han sido realizadas, salvo la genética. Para ello, cabe esperar la revisión del examen dactilográfico, que puede ser considerado como una prueba de identificación plena.

Rostro

Nomás de escucharlo te emocionabas. Luego luego te dabas cuenta de que era diferente. Junto con David eran a los que más seguían. Él no necesitaba nombramiento para que lo siguieran. Al otro día, antes de que identificaran su cuerpo, sus compañeros pensaban que estaba también desaparecido y estaban muy sacados de onda por eso, porque lo querían mucho. Julio tenía liderazgo, tenía carácter fuerte, don de convencimiento. Ahí supe que le decían Chilango. Lo conocían más a él que al del Comité. Cuando no hablaba en las reuniones era muy relajiento, muy alegre. Pero cuando hablaba, me acuerdo de que te daban ganas de seguir luchando. Se apasionaba con la lucha. Muchas veces los líderes nos acobardamos a la hora de tomar decisiones, pero cuando él hablaba, te prendía, te contagiaba esa pasión. Uno decía: De ver ese espíritu, ¿cómo me voy a rajar?, si estaba viendo a ese muchacho que se estaba esforzando por las luchas. Hablaba de unidad, de lealtad, de que los líderes no se vendieran. Tenía una voz imponente, pero no era agresivo; tenía un tono que no era gritón, sino que el tono iba con sentimiento. Sabía liderar a sus compañeros. Y pues eso es lo más importante, porque los jóvenes como que nos inyectan esa juventud a los viejos.

LA VISITA DE LOS SIETE JUZGADOS

7-18 de noviembre de 2015

La necesidad de la familia de Julio César por realizar una prueba genética provenía del simple hecho de que nunca vieron su rostro. Marisa y su mamá vieron el cuerpo de Julio en la morgue, antes de que los servicios funerarios lo prepararan para el velorio. Don Cuitláhuac Mondragón, tío de Julio, también entró, pero pidió que no descubrieran el rostro. Tal vez una vaga esperanza de que hubiera habido una equivocación y que ese cuerpo no fuera Julio, una vaga ilusión de que su Julio estuviera vivo, aunque desaparecido, fue lo que los llevó a insistir en la realización de una prueba genética que comprobara fehacientemente la identidad del cuerpo exhumado. No sin tensiones entre las familias, el sábado 8 se ratificó la decisión de hacer esa prueba. Salvo la abogada, ninguno de los presentes tenía idea de lo que implicaría, a nivel de trámites, esa petición. Lo que nadie habría podido prever es que el año 2015 terminaría sin que los restos de Julio fueran sacados del refrigerador en la cámara seis de la Coordinación General de Servicios Periciales de la Ciudad de México.

Las huellas dactilográficas habrían sido consideradas una prueba de identidad plena si el perito Vicente Díaz Román hubiera confrontado las huellas que tomó del cadáver con las de un documento oficial. Así, el dictamen de dactiloscopía que Sayuri Herrera localizó en el expediente de casi tres mil páginas no era útil, sentenció Mercedes Doretti. La prueba de ADN sería necesaria. Al día siguiente Marisa, su hermana Olivia y Sayuri viajaron a la ciudad de Iguala para solicitar la prueba. El licenciado César Abraham acordó llevarla a cabo; sin embargo, decidió dar a conocer esta nueva pericia a todos los involucrados, no sólo a los veintidós policías como en las anteriores diligencias. Así, José Luis Martínez Abarca —señalado por la PGR como autor intelectual de los hechos del 26 de septiembre— cuyo caso se lleva en el juzgado adscrito al Penal de Almoloya; Luis Francisco Martínez –quien en febrero de 2015 fue acusado de ejecutar a Julio y un mes después el cargo fue desestimado– preso en el Penal de Villaldama, Veracruz, y los veintidós policías recluidos en el Penal Federal de Tepic, Nayarit, tendrían que ser notificados. Toda vez que los abogados de estas veinticuatro personas recibieran el documento, tendrían quince días hábiles para darse por enterados ante el juzgado de Iguala. Entonces bastaría con enviar un exhorto al tribunal de la Ciudad de México, donde estaba el cuerpo de Julio, para que el juez competente diera fe de la toma de muestras, ello en vista de que el juez de Iguala no podía trasladarse a la Ciudad de México para dar fe por sí mismo.

Mandar un documento o, digamos, un paquete de hojas no debería ser algo complicado; sin embargo, en Iguala, donde sólo cuentan con una fotocopiadora para todo el juzgado, todo procedimiento cobra dimensiones de proeza. Sólo cuentan con un mensajero, que ocupa sus días en llevar notificaciones a la ciudad y, cuando hay recursos, va a otras ciudades a entregar exhortos de hace un año. Algunos juzgados aceptan documentos vía fax o por *e-mail*; no es el caso de Villaldama ni Tepic ni Almoloya. Además, hay que decirlo, el hecho de que se mande el fax no garantiza que sea recibido ni mucho menos leído por las personas indicadas.

El día jueves doce de noviembre la abogada se presenta muy temprano en el juzgado para recoger, como había sido acordado, el exhorto. Uy, manita, mira todo el trabajo, es lo primero que le dice Sagrario al verla entrar. Como Sayuri no se mueve ni hace comentario alguno, la secretaria le dice que vuelva por la tarde. Sí, ándale, como a las cuatro, porfa, manita. Entre tanto, Sayuri aprovecha para ir al domicilio donde llegan las notificaciones del caso en Iguala; a su regreso, el escritorio de Sagrario está vacío y ninguno de sus compañeros sabe a dónde se fue, ni saben de qué documento habla la licenciada. Al otro día se presenta nuevamente desde temprano en el juzgado. Esta vez con la determinación de esperar todo el día en los incómodos sillones que han dispuesto a la entrada del juzgado. No es posible acercarse a Sagrario, ni siquiera para reclamarle su huida del día anterior, porque se encuentran compareciendo un gringo y un igualteco:

el gringo acusa al residente de haber puesto su cerca un metro dentro de su propiedad, alega también que el hombre lo golpeó. Son más de las dos de la tarde y el gringo no deja de exigir una compensación de diez mil pesos por ese metro de tierra. Tampoco ese día hubo exhorto.

Finalmente, el 17 de noviembre, Sagario avisa a Sayuri que el exhorto está listo y que, aprovechando una diligencia del licenciado Benjamín, de la PGR, le había mandado con él los documentos. La abogada de inmediato se comunica con PGR y por la noche recoge tres exhortos, uno en atención al magistrado presidente del Tribunal Superior de Justicia del estado de Veracruz, el 092/2015-II; otro al magistrado presidente del Tribunal Superior de Justicia del Estado de México, el 094/2015-II; y el 093/2015-II dirigido al magistrado presidente del Tribunal Superior del estado de Nayarit. Tres exhortos, tres distintos estados de la República, tres tristes viajes, tres tristes juzgados, tres tristes trabas.

Si los tres exhortos llegaran a los juzgados el día 18 de noviembre y los abogados se enteraran el 19, el 11 de diciembre habría una notificación de vuelta al juzgado de Iguala. Si Sagrario hiciera con prontitud y sin errores el exhorto, la abogada podría entregarlo en el Tribunal de la Ciudad de México el 14 y con suerte el 15 se sabría a dónde fue turnado. Si el juez de la Ciudad de México fuera sensible a la situación y fijara el 16 como fecha para la toma de muestras, se podría notificar a los veintidós policías imputados el día 17. Así, el 18 de diciembre, las peritos argentinas, acreditadas de última hora para esta pericia —la primera concluyó sus labores en México desde el 28 de noviembre—, podrían tomar las pruebas de ADN al cuerpo de Julio y a sus familiares en algún momento del último día hábil del Poder Judicial, por las vacaciones decembrinas, y tomar su avión de vuelta a su país al día siguiente.

Sayuri Herrera, consciente de que es una carrera contra el tiempo, solicitó a Pérez Carro, titular de la Oficina de Investigación para el caso Iguala, que apoyaran a la familia de Julio llevando en avión el exhorto dirigido al Juzgado de Tepic, que era el más largo y costoso de asumir. La Subprocuraduría aceptó. Los otros dos viajes serían asumidos por la abogada y el colectivo El Rostro de Julio. Antes de eso, Sayuri tuvo que atender por escrito la solicitud del juez de Iguala de poner en español el nombre y la dirección del laboratorio donde serían examinadas las tomas de ADN, que se encuentra en Estados Unidos.

Al día siguiente, 18 de noviembre, la abogada llevó el documento con el nombre del laboratorio en español, pues aunque era un requisito absurdo no quería dejar cabos sueltos que pudieran ser usados para entorpecer el proceso. Dado que ese día había que ir a Tenancingo, Tenango y Toluca, se le pidió a Sagrario que llegara poco antes de las nueve de la mañana, que es propiamente su hora de entrada. La secretaria de acuerdos llegó vestida con pants, pues nos dijo que era su hora de ejercicio. Mientras le entregaba el documento y le pedía algunos datos sobre el expediente, Sayuri dijo, un poco pensando en voz alta: Por favor que no lleguemos a fin de año con Julio afuera, a lo que Sagrario respondió muy tranquila, incluso sonriente: ¡Ay, lic! Pues ya brindan con él.

ROSTRO

Pues yo ya tenía mis sospechas, pero no le quería decir nada. Ya tenía un poco de retraso. Luego un día él fue por mí a la escuela y me dijo que ya se había dado cuenta de que no me había bajado. Yo le dije que ya no tardaba. Y me dijo que no, que él llevaba bien mis cuentas y que ya había pasado un buen rato. Y pues fuimos a comprar una prueba de embarazo; me la hice, pero salió negativa. Como él insistía, me convenció de que fuéramos a un laboratorio. Yo la verdad es que no me lo esperaba, porque pues yo había pensado en hacer mi maestría. Al siguiente fin de semana fuimos a un laboratorio que está en Tacubaya. Y cuando nos dieron los resultados, no sabíamos cómo interpretarlos. Hasta que le preguntamos a una enfermera, que nos vio y se rio. Y pues ya nos dijo que sí estaba embarazada. Yo quise ir con un doctor para que nos lo confirmara y así pasó. El doctor me dijo:

No, pues sí está bien embarazada. Julio se puso muy contento. Me decía que ese bebé nos iba a unir, que era un pedacito de nuestro amor.

ESTADO DE MÉXICO, OTRA VEZ

18 de noviembre de 2015

Luego de hablar con el licenciado Juan Manuel, secretario del Juzgado de Tenancingo, fue necesario ir al municipio de Tenango, donde estaba la jueza Verónica Contreras, quien estaba inconforme porque no había sido notificada por nadie sobre el estado de las cosas. ¿Dónde está *mi cadáver*, licenciada?, usted me dijo que el 9 a más tardar estaría de vuelta y nada. Sayuri Herrera resumió la situación ocasionada por la solicitud de la prueba de ADN y le comentó los pasos que había seguido el juez de Iguala para llevar a cabo esta diligencia. La jueza, como en otras ocasiones, censuró el procedimiento empleado por su colega guerrerense y aclaró que si ella no era notificada formalmente de todos estos movimientos, iba a pedir de manera legal la devolución de *su cadáver*, forma en que siempre se refería a Julio.

Alrededor de las ocho de la noche nos encontramos con el magistrado Martín Alvarado, quien había asistido a la exhumación, donde al parecer su mayor impresión había sido causada por Alicia, una de las peritos del EAAF, ya que durante la entrevista con Sayuri no dejó de solicitarle, un poco bromista, que le consiguiera una foto con Alicia. En uno de los pizarrones de su oficina se lee: "PJEM / ideales de justicia que abrazamos como novia". El Poder Judicial del Estado de México subvierte el viejo lema feminista –"Lo personal es político"–: ahí hacen de lo político algo personal, al establecer una relación cortejo-amorosa con "los ideales de justicia", en lugar de instrumentarlos.

La abogada le explicó la lentitud con que se estaba realizando esta prueba de ADN y le pidió que interviniera para que el exhorto dirigido al penal de Almoloya llegara lo más pronto posible, es decir, al día siguiente. El funcionario mexiquense accedió de buen grado y llamó a la Secretaria de acuerdos del Tribunal para hacer llegar el documento por vías más rápidas que las normales. La licenciada se comprometió a llevar el exhorto al día siguiente y verificar que José Luis Abarca y su abogado fueran notificados; así mismo acordó enviar el acuse de recibo de la notificación al juzgado de Iguala para que el licenciado César Abraham estuviera al tanto. Gracias a estas diligencias, la notificación del juzgado de Almoloya fue la primera en realizarse sin mayores tropiezos.

ROSTRO

Pidió unos días en Ayotzi para registrar a la niña, que había nacido en julio. Primero pasó por Teco. Me dijo que se vino de ride. *Pasó por un poco de longaniza y chicharrón para regalarle a mis papás. Sí, estaba muy emocionado por la niña. Era algo que deseaba mucho. Estuvo acá en Tlaxcala acompañándome, también fue con mi papá a hacer la milpa. Le gustaba más el campo que la ciudad. Estuvo aquí quince días. Al principio no ayudaba a cambiar los pañales, pero cuando la bebé empezó a tomar biberón le daba de comer y me ayudaba a cuidarla. Habíamos quedado en que la bebé se llamaría Arlette Melisa, yo escogería el primer nombre y él el segundo. A la mera hora, ya cuando estábamos en el Registro, me dijo que ese nombre no sonaba bien, que mejor le pusiéramos Melisa Sayuri, y así lo anotó la secretaria. Nunca había escuchado ese nombre y nunca lo volví a escu-*

char hasta que conocí a la abogada que ahora lleva su caso. Siempre llamaba a la bebé "su ratoncita". Se regresó a Ayotzi porque iba a haber una reunión de padres de familia el 13 de septiembre.

Xalapa, la tierra de Duarte[1]

19-20 de noviembre de 2015

El 19 de noviembre dos integrantes del colectivo El Rostro de Julio salieron de la CDMX por la mañana rumbo a Xalapa, para entregar el exhorto que debía notificar a Luis Francisco Martínez Díaz, preso en el CEFERESO 5, de Villaldama, Perote, Veracruz que, como todo penal, tiene un juzgado adscrito. Por alguna razón el juez de Iguala no dirigió su exhorto directamente al juez del

---

[1] Javier Duarte de Ochoa, del PRI, tomó posesión como gobernador de Veracruz del 1º de diciembre de 2010. Durante su gubernatura, las desapariciones forzadas, ataques a periodistas y defensores de derechos humanos aumentaron considerablemente. Debido a las denuncias de corrupción y enriquecimiento ilícito en su contra, pidió licencia el 12 de octubre de 2016; desde el 20 de octubre del mismo año estuvo prófugo de la justicia. Fue aprehendido el 15 de abril de 2017, en Guatemala, donde permanecerá preso hasta su extradición a México. Aquí podría enfrentar al menos tres cargos penales.

penal, sino al Tribunal del Estado, lo cual implicaba una vuelta más al laberinto de las entregas en el que estaba el caso.

Llegamos poco antes del mediodía. En la entrada nos piden una identificación oficial: basta con mostrar una cédula profesional para que la recepcionista dé por sentada mi profesión y me da un gafete de abogado. Nadie lee las letras pequeñas donde se especifica mi formación en Letras. Siguiendo las indicaciones, llegamos a la oficina donde se reciben los documentos federales. El encargado de la Oficialía es un hombre alto y moreno que no deja de ver las piernas de las mujeres que estamos allí. Pide mis datos generales y luego me pregunta si quiero ir a entregar personalmente el exhorto. ¿A Villaldama?, pregunto. No, primero hay que ir a dejarlo a Jalacingo y de allí lo mandan a Villaldama. Si quiere lo hacemos nosotros. ¿Cuánto tiempo tardan? Quince días hábiles. Yo lo llevo.

Para poder llevarlo es necesario que el Tribunal Estatal de Veracruz elabore un oficio. El funcionario me pide que vuelva por él al otro día. Le pregunto si no puede ser ese mismo día, pues vengo de la Ciudad de México y regresar al día siguiente implica gastos. Se lo tendría que haber dado hoy mismo, pero pasa que hoy es el informe del gobernador y ya vamos a cerrar. Pero mañana como a las doce ya está listo. Eso explica por qué había tanta policía en las calles aledañas al tribunal. Salimos maldiciendo a Duarte que incluso sin buscarlo entorpece toda búsqueda de justicia.

Decidimos quedarnos en Xalapa para llegar desde las diez al juzgado y presionar para que nos entreguen el papel, pues Jalacingo está a dos horas de Xalapa y, dado el tiempo que se toman en los tribunales, queremos llevar nosotras mismas el exhorto a Villaldama. Ello implica que debemos llegar al CEFERESO 5 antes de las dos de la tarde, ya que la Oficialía de partes deja de recibir documentos a esa hora. Después de encontrar hospedaje salimos a caminar por el Centro de la ciudad. Pienso que Julio no visitó ni visitará Xalapa ni los otros lugares a los que hemos ido por su caso. Nunca lo conocí, pero he caminado muchas calles por él. No acostumbro encender veladoras dentro de las iglesias, pero esa tarde prendí una en el oratorio de la catedral.

El 20 de noviembre llegamos a las diez de la

mañana al Tribunal y luego de media hora de espera nos entregan el oficio. Partimos a Jalacingo, cuyo juzgado parece recién remozado. Unas empleadas reciben el oficio y dicen que lo entregarán el lunes 23 de noviembre. Insisto en llevarlo yo misma. No se puede, me dicen, pero el mismo lunes lo llevamos, no se preocupe. El destino de ese exhorto hasta la fecha es desconocido.

ROSTRO

Lo conocí hace seis o siete años en el COBAEM; *él iba en tercero y yo en primero. Al principio nomás se me quedaba viendo,; luego un día en el receso se me acercó y me saludó. Nos juntábamos a comer en el recreo. Después de que él salió, le llevaba de comer a su mamá, que trabajaba allí. A veces me esperaba y me acompañaba a mi casa; mientras caminábamos me contaba cosas de la vida, me decía que le gustaría ser alguien, que le iba echar muchas ganas. Era una gran persona. Me decía: Prométeme que le vas a echar ganas. Y pues yo le dije que sí. Me platicaba de su escuela. Era un niño muy inteligente. Me platicaba de Lenin, del marxismo. Me protegía mucho. Nunca me faltó al respeto. Iba a visitarme a mi casa. Una vez fue a la escuela y me dijo que ya lo habían expulsado de Tenería. Era muy detallista, una vez nos llevó una rosa a mí y a mis amigas, otras veces me daba una paleta o un chocolate. También me dijo que le gustaba mi sonrisa y que nunca dejara de sonreír. Era mi mejor amigo. La última vez que lo vi fue en la feria de Tecomatlán y me dijo: Hola, flaca. Nos llevó a cenar a mí y a mis amigas. Luego me acompañó a mi casa en bici. Me decía que nunca dejara a medias mis sueños. Yo le decía que quería ser maestra o enfermera. Y pues, me acaban de entregar mi título de enfermera; yo creo que él se hubiera puesto feliz de saberlo, porque le gustaba que las demás personas fueran mejores. Una vez me dijo: Que no se apague la luz de tu interior.*

DE TEPIC A IGUALA, DE IGUALA AL RECLUSORIO NORTE Y DE AHÍ A IGUALA

7-18 de diciembre de 2015

El 7 de diciembre los familiares de Julio, aprovechando una conferencia de prensa del GIEI, denunciaron por medio de un comunicado que ni el juzgado de Tepic ni el de Veracruz ni el de Iguala tenían voluntad para la realización de la prueba de ADN. Dos días después, el juzgado de Tepic remitió las notificaciones al juzgado de Iguala, excusándose con que entre tantos documentos, veintidós, el juez se había equivocado la primera vez que hizo las notificaciones. Con dos de cuatro notificaciones, Tepic y Almoloya, el juez de Iguala dijo que podía proceder a hacer el exhorto para el Tribunal de la Ciudad de México, que nos fue entregado el día 11 de diciembre a las cinco p.m., demasiado tarde para entregarlo ese mismo día, razón por la que se entregaría hasta el 14. El tiempo pasaba mientras el cuerpo de Julio permanecía en el refrigerador de la cámara seis de la Coordinación General de Servicios Periciales de la PGR.

El lunes 14 de diciembre, Sayuri Herrera se presentó en el Tribunal Superior de Justicia de la Ciudad de México a las diez de la mañana, para entregar el exhorto que la licenciada Sagrario Aparicio había formulado a marchas forzadas. Después del tribunal se remitiría a un juzgado específico, por lo que la abogada insistió en llevar de inmediato el documento. En dos días lo llevamos, le dijeron.

Sayuri, como lo había hecho antes y como lo haría en otras ocasiones, explicó que ese exhorto estaba relacionado con el caso Ayotzinapa, con Julio César Mondragón Fontes, cuyo cuerpo tenía poco más de un mes de estar en un refrigerador, y que la familia estaba muy desesperada porque no querían que acabara el año sin poder sepultar por segunda vez a Julio. A veces funcionaba. En este caso, los pocos trabajadores que estaban en el Tribunal accedieron a llevar ese mismo día el exhorto; Sayuri acompañó a la chica encargada al Juzgado 45 del Reclusorio Norte, donde había sido turnado el caso.

El juez del Juzgado 45 ya se encontraba gozando de sus vacaciones decembrinas; en su lugar el secretario de acuerdos, licenciado Miguel Ramírez Sandoval, era el encargado. Sayuri nuevamente usó palabras como *desollado, dolor, sensibilidad, fin de año* y el secretario de acuerdos dijo que al día siguiente tendría una respuesta, pues primero tenía que leer el exhorto. Cuando un exhorto llega a un juzgado pueden ocurrir varias cosas, dependiendo de la voluntad e inventiva de quien lo reciba: diligenciar: llevar a cabo lo que se pide; pedir una ampliación: se asume que harán lo que se pide, siempre y cuando se aclaren las dudas solicitadas; no diligenciar: devolver el exhorto al primer juzgado, y todo vuelve a comenzar.

El licenciado Miguel Ramírez Sandoval no se dejó deslumbrar porque este exhorto tuviera que ver con la imagen de un cuerpo sin rostro, tampoco lo doblegó el argumento sentimental de que una familia pasaría las fiestas decembrinas pensando en que uno de los suyos estaba en un refrigerador: no, la ley es la ley, y al exhorto le faltaban datos, como la dirección del juzgado de

Iguala: una cortesía de Sagrario. No diligenciar, fue su respuesta.

Ante su negativa y para acelerar el proceso, Sayuri le pidió que le permitiera llevar el exhorto de vuelta a Iguala ese mismo día. No, licenciada, eso no está permitido por la ley. No, imagínese que por alguna razón el exhorto no llegara, no, no. Ya, pero podría hacerlo llegar por fax, para que el proceso no demore más, insistió la abogada. ¡Uy, licenciada! Acá no tenemos fax ni señal para celular, con eso le digo todo. No se preocupe, lo mandamos lo más pronto posible. El licenciado Ramírez Sandoval, además de creer a pie juntillas en el cumplimiento de la ley, también cree en el Servicio Postal Mexicano, pues optó por hacer llegar el exhorto a Iguala por correo ordinario el 18 de diciembre de 2015. Enero de 2016 comenzaría sin que el exhorto llegara a su destino.

Rostro

Julio hablaba mucho de muchas cosas. Como a sus amigos les importaba lo que decía, le hacían caso. A mí me decía: No, pues sigue estudiando. Yo iba a entrar al COBAEM, *pero estaba muy nervioso por el examen. No era burro, pero tampoco era de dieces. Y le dije: Enséñame. Y diario iba a mi casa y hacíamos muchas cosas de álgebra y me decía: No, pues vas a ver esto o lo otro. Y se aguantaba cuatro o cinco horas hasta que le entendía. Y luego se veía como desesperado y me decía: Ya, esta es la última vez que te lo explico, pero como no entendía, me volvía a explicar y me decía: Ahora sí, esta ya es la última. Y pues sí pasé mi examen, pero luego tuve que dejar la escuela, por falta de recursos.*

Finalmente, un funeral

30 de diciembre de 2015

El periodo vacacional del Poder Judicial, que en la práctica había comenzado desde el 14 de diciembre, había dejado el proceso en una fría pausa. Aunque había personal de guardia en los juzgados, las peritos acreditadas para la toma de las muestras óseas de Julio César y de sangre de sus familiares, habían salido de México rumbo a sus países de origen. Parecía que 2015 terminaría sólo con estas malas noticias, pero hubo una peor.

Desde 2014, la salud de don Teófilo Raúl Mondragón, abuelo de Julio, se había deteriorado a tal grado que tuvo que ser intervenido quirúrgicamente y se encontraba en recuperación cuando su nieto Julio César fue encontrado muerto en Iguala. Sus hijos le ocultaron la noticia y los detalles lo más que pudieron, para evitar una recaída. En una entrevista a Telesur, don Raúl, chicharronero de oficio, al hablar de su nieto dijo que ojalá su sangre sea, en este caso, para el bien del pueblo. Puesto que el papá biológico de Julio se separó muy pronto de su madre, don Raúl había fungido como una figura paterna para él y su hermano. Una de las últimas salidas de Tecomatlán de don Raúl fue a la Ciudad de México, el 5 de noviembre de 2015, para acompañar a su familia y los restos de su nieto en la Coordinación General de Servicios Periciales.

El 28 de diciembre don Raúl se empezó a sentir mal; sus hijos lo llevaron al hospital pensando en que sería sólo un achaque, pero el mayor de los Mondragón murió el día 29. El 30 de diciembre, en la casa de los Mondragón hay varias mesas dispuestas en el patio; las mujeres reparten platos de mole con arroz; se come en silencio mientras una banda de música toca "Dios nunca muere". Al término de la comida, caminamos hacia la iglesia donde se oficiará una misa de cuerpo presente, de ahí caminaremos en una procesión silenciosa al panteón municipal y pasaremos enfrente de la tumba vacía de Julio para llegar hasta otra fosa recién abierta donde será colocado el féretro que lleva a don Raúl. Mientras bajan el ataúd, Cuauhtémoc Mondragón canta una canción de despedida para su padre; la gente del pueblo poco a poco se va yendo. Cuando nos despedimos de Lenin, el hermano de Julio, nos dice: Se la pasaba preguntando cuándo iban a traer de nuevo a Julio. Estaba muy enojado por eso.

ROSTRO

Mi abuelito fue el que nos enseñó a hacer la milpa. Nos íbamos con él, caminando por el monte y le ayudábamos a desyerbar. A Julio le gustaba el trabajo de campo. De ida y de venida, aprovechábamos para recoger hongos de los buenos: xicales, tintas o panzas; cuando no sabíamos si era bueno o loco, le preguntábamos a mi abuelito y él nos decía cuál era cuál. Yo siempre he visto a mi abuelito como mi papá, él es el que ha dado la cara por nosotros. A Julio sí le interesaba conocer a nuestro papá biológico, pero no sé si lo encontró, de eso no me platicó.

LA FE DE UN FUNCIONARIO

22 de enero de 2016

Durante la tarde se difundió en redes sociales y en medios de comunicación la captura de tres implicados en el caso Ayotzinapa; uno de ellos, decía la nota, vinculado al caso de Julio César Mondragón Fontes. Desde las nueve de la noche estamos en una de las oficinas de la Fiscalía Especial para la Atención a Delitos en Contra de la Libertad de Expresión, ubicada en la calle de López, en el Centro Histórico de la Ciudad de México. No es usual que en estas instalaciones se lleven a cabo interrogatorios, pero la Subprocuraduría de Derechos Humanos, recién nombrada a cargo del caso y cuya sede está en Reforma, no tiene la infraestructura para alojar detenidos.

Alrededor de una mesa, con un vaso de café

y galletas en la mano, esperamos a que nos llamen. Sayuri Herrera, abogada del caso de Julio, y Ángela Buitrago, la fiscal de hierro integrante del GIEI, comparten experiencias en torno a situaciones similares o expectativas sobre lo que podría surgir esta noche a raíz del interrogatorio. Alrededor de las once un empleado de la Subprocuraduría nos invita a pasar al piso de arriba, donde pronto comparecerán los detenidos. Entre los pequeños módulos asignados a los burócratas de la dependencia nos acomodamos como podemos, cuidando quedar cerca de las dos oficinas donde serán interrogados los presuntos implicados. Los trabajadores bajo el mando del licenciado Aarón Pérez Carro se mueven nerviosamente por el piso. A lo lejos, casi en la puerta de salida, se han instalado los observadores de la Comisión Nacional de Derechos Humanos, que han estado presentes en las diligencias del caso de Julio. En lo que sí toman la iniciativa los trabajadores es en allegarse uno de los paquetes de hamburguesa con papas a la francesa que Pérez Carro ha hecho traer para su regocijo en horas extras.

Pasada la medianoche, el detenido comparece

ante un Ministerio Público en una de las oficinas del tercer piso. Mauro Taboada, uno de los detenidos, es un hombre mayor, de baja estatura, moreno, de ojos grandes y cabello entrecano; lleva unos pants color azul, una sudadera negra y huaraches. Antes de comenzar con el procedimiento se le conceden unos minutos con la abogada de oficio. A través de los cristales se les puede ver llenando documentos e intercambiando palabras que no podemos escuchar. Finalmente entramos a la oficina y alcanzamos a oír que Taboada se negó a dar la muestra biológica.

El agente del MP hace notar la presencia de la defensa jurídica de Julio César Mondragón y la abogada de oficio, conforme a derecho, pide que se pregunte a Taboada si está de acuerdo en que permanezcamos durante su interrogatorio. Él acepta y se nos aclara que no podemos hacer preguntas, pues se trata de una averiguación previa en la que no tenemos coadyuvancia. A la abogada de oficio no le agrada nuestra presencia, pero no queda más que dar comienzo con la diligencia.

Siendo la 1:21 de la madrugada del 23 de enero de 2016, el MP pregunta al detenido por sus datos generales. En la voz pastosa y apenas audible de Mauro Taboada Salgado nos enteramos de que nació el 21 de noviembre de 1976, tiene treinta y nueve años –aunque se ve mucho más viejo–, vive en Iguala desde hace cinco años, en la colonia Juan N. Álvarez, calle 16 de septiembre, número 13; está casado y cuatro familiares dependen económicamente de él. Tiene a su nombre unas parcelas de siembra, pero él trabaja en una granja a las afueras de Iguala dando de comer al ganado, por lo cual percibe mil ochocientos pesos semanales. No fuma, no bebe, no es adicto a nada y no tiene número telefónico. Taboada culmina la que será su participación más larga expresando que padece dolor de cadera con gemidos y sollozos.

Según el pliego de detención elaborado por los policías que realizaron la captura, leído por el MP, Mauro Taboada fue detenido a las 12:30 del día 22 de enero en la colonia Antonio López de León, en Iguala, Guerrero –dicha colonia no aparece registrada en la división territorial del municipio–. En el momento de la detención, por parte de dos integrantes de la Policía Federal, Taboada llevaba consigo una copia fotostática de su credencial del IFE, un juego de llaves y un arma tipo pistola, marca Pietro Beretta, de uso exclusivo del Ejército. Al ser interrogado por los agentes federales, Mauro había alegado, para que lo dejaran ir: Yo conozco al Tilo, el jefe de los Guerreros Unidos, de los que desaparecieron a los 43, me dicen el Molero. Con sólo escuchar ese apodo los agentes federales recordaron –prodigio de memoria– las declaraciones del Cabo Gil –Gildardo López Astudillo–, base de la *verdad histórica* de la PGR, en las que el presunto jefe de plaza habría dicho que, junto con su compadre el Tilo, el Molero tuvo que ver en la muerte y desollamiento de Julio César Mondragón. Por ello el detenido, que ha escuchado las acusaciones con las manos cruzadas sobre las piernas y un movimiento incesante de pies, también uno sobre otro, fue turnado a la dependencia que se hace cargo de la investigación del caso Ayotzinapa, si bien la causa oficial de su detención es "portación de arma de uso exclusivo y delincuencia organizada".

Cuando el MP acaba de leer el documento, Mauro Taboada pregunta por la hora en que supuestamente lo detuvieron; al escuchar que fue a las doce treinta dice que no fue así, que es lo único que puede decir. Al hacer esa mínima aclaración alza la cabeza y se puede ver que tiene la barba descuidada, después vuelve a hundirla. Se reserva el derecho a declarar y la abogada de oficio entrega un documento preparado previamente para sustentar su silencio. En una declaración posterior, el 28 de enero del 2016, en la SEIDO (Suprocuraduría Especializada en Investigación de Delincuencia Organizada), cuyas posibles prácticas de tortura en lo referente al caso Ayotzinapa han sido documentadas por el GIEI, Mauro Taboada rompió el silencio y señaló a los hermanos Víctor Hugo y Alejandro Benítez Palacios, a Marco Antonio Ríos Berber, al Chino y a David Hernández como los responsables de la ejecución de Julio. Taboada añadió: Quiero que quede claro que el que desolló al muchacho no fui yo, sí estuve ahí pero quiero que se esclarezca. Sin embargo, esta madrugada se niega responder las preguntas que el MP formula. Casi todo el tiempo ha mirado hacia el suelo y por momentos parece que dormita, su cuerpo exhala un aire de hartazgo e incomprensión.

Parte del procedimiento consiste en que la

abogada de oficio le haga algunas preguntas sobre su estado de salud para dar cauce a una manifestación por malos tratos, tortura o lo que resulte, pues a su cliente le duelen inusualmente partes del cuerpo. Ella aclara que Mauro tiene problemas de triglicéridos, en los riñones y dolor en la cintura porque siempre carga cosas pesadas. Las respuestas a las preguntas de la abogada servirían para dar sustento a tal investigación, pero Taboada, moviendo torpemente de un lado a otro la cabeza, se niega a ser interrogado. Durante el tiempo en que todavía su abogada y el agente del MP discuten sobre los términos en que debe quedar el acta de la comparecencia, Taboada se hunde más en sí mismo.

Cuando salimos de la oficina y le contamos a Ángela Buitrago que Taboada no ha querido declarar nada, ella sonríe: ya lo sabía. También los otros detenidos se reservaron. En el estrecho pasillo que separa las oficinas, aparece el licenciado Pérez Carro, oriundo de Tlaxcala, bastante animado para ser casi las tres de la mañana; la abogada Herrera –a quien una vez intentó llamar *hija*– se acerca para comentar lo sucedido: Muy dura la abogada de oficio, ¿no, licenciada?; en su papel, responde Herrera: Sí, pues ya ve, abogada, nosotros queríamos preguntar más, pero no se pudo. Pero no se preocupe, existe la justicia divina.

Rostro

Julio le tenía miedo a las víboras, aunque fueran cincuates, de las que no hacen nada. Pero yo no. Una vez encontramos una cincuate y otra de cascabel; yo las agarré con una horqueta y las metimos en una botella y las echamos a pelear. Como las trajimos a la casa, mi tía se espantó y mi abuelito nos dio unos cinturonazos. Es que sí hacíamos muchas travesuras. Una vez también espantamos el nido de los jicotes, que son como unas abejitas que hacen sus nidos en la pared, les echamos agua y se echaron a volar. Otras veces quemábamos ramas o pedazos de papel y el humo las molestaba. Así andábamos de un lado a otro, que volando papalotes, que jugando a las escondidas, que a la pelota.

Un funeral para Julio

6-26 de enero de 2016

Sayuri Herrera llamó desde el 6 de enero a Iguala para preguntar si ya había sido devuelto el exhorto. No había llegado. En el Juzgado 45, Ramírez Sandoval se encontraba de vacaciones; tanto el juez encargado como el resto del personal desconocían el paradero del exhorto y se desentendieron arguyendo erróneamente que era obligación del juez de Iguala encontrarlo. Una de las secretarias apuntó que si el exhorto había sido enviado por correo ordinario tardaría unos dos o tres meses en llegar. Lo único que obtuvo la abogada en su visita al Juzgado 45 fue el contrarecibo con el que había sido enviado el exhorto; su intención era rastrearlo directamente en el Servicio Postal Mexicano.

Si hay algo más difícil que buscar una aguja en un pajar, es buscar un envío ordinario en Correos de México. La abogada Herrera consiguió, luego de convencer al guardia de la entrada y a funcionarios menores, que la secretaria particular de la directora se comprometiera a buscarlo. Desde el 10 de enero, el colectivo El Rostro de Julio había hecho una petición en redes para que todos aquellos que quisieran participar etiquetaran en Facebook y Twitter a todas las dependencias y funcionarios que pudieran colaborar para que el envío fuera hallado y enviado a Iguala. El exhorto llegó por fin al juzgado de Iguala el día miércoles 13 de enero. La diputada Araceli Damián, de Morena, perteneciente a la Comisión Especial para el caso Ayotzinapa de la Cámara de Diputados quiso adjudicarse el logro por una llamada que hizo. Si eso fuera cierto, ojalá llamara más seguido a tantos otros lugares y por tantos otros casos en México.

La buena noticia de que el exhorto estaba en Iguala llegó acompañada con la nueva de que el juez de Iguala se había ido de vacaciones por dos semanas, al igual que la secretaria de acuerdos encargada del expediente de Julio. Además, el personal que se encontraba laborando no tenía instrucciones para mover nada en referencia al caso Ayotzinapa. Pero dos semanas no son nada, remató diciendo la persona que había dado informes.

¿Qué es lo que hay que hacer para que ellos hagan su trabajo? ¿Qué es lo que hay que hacer para que un juez y la secretaria de acuerdos tomen vacaciones escalonadas? ¿Qué para que el exhorto hubiera estado bien hecho desde un principio? ¿Qué para que el juez de Iguala pueda viajar la Ciudad de México a dar fe de la toma de muestras en lugar de involucrar a otra instancia que retrase todo el proceso? ¿Qué hay qué hacer, además de poner los muertos, para tener un funeral?

Fue necesario que el 26 de enero, en el marco de la Acción Global por Ayotzinapa, Marisa Mendoza, su hermana Olivia, Cuitláhuac, Cuauhtémoc y Lenin Mondragón, más otras personas solidarizadas con el caso, se plantaran enfrente de las oficinas de PGR con el ataúd donde sepultarían a Julio. Que la abogada Sayuri Herrera fuera a Chilpancingo para hablar con el presidente del Tribunal de Guerrero. Que casualmente la abogada se encontrara al juez en un evento donde estaba el gobernador Astudillo, y que este, al sentir que podía ser expuesto ante la autoridad, se comprometiera a interrumpir las vacaciones de Sagrario para que hiciera el exhorto correspondiente.

Así, el 27 de enero de 2017, el exhorto proveniente de Iguala fue turnado al Juzgado 38, adscrito al Reclusorio Norte de la Ciudad de México. La jueza encargada de esa instancia se mostró mucho más sensible que el anterior destinatario y fijó el 6 de febrero como fecha para realizar la toma de pruebas óseas a Julio y de sangre a sus familiares.

ROSTRO

Era un niño muy alegre, muy sonriente. Yo digo que tuvo una infancia muy feliz. Nomás que por ahí del cuarto año tuvo algunos problemillas en la escuela, le costaba aprender, había pasado de panzazo. Entonces yo era maestro unitario en una escuela de la colonia Adolfo López Mateos, en Ixtapan de la Sal. Lo que pasa es que hay escuelas donde hay un solo maestro para todos los grados, así era la escuela donde trabajaba. Allí era profesor y director al mismo tiempo, porque ya desde entonces daba clases. Yo era normalista. No me di cuenta, pero ahora creo que por eso Julio estaba tan obsesionado con el normalismo; aunque le decíamos que estudiara o que hiciera otra cosa se aferró a estudiar en una Normal. Era muy terco. Yo creo es de familia, ¿no? Me lo llevé a vivir conmigo y allí en la escuela le enseñaba junto con los otros niños, también jugábamos al futbol. Luego de ese año se compuso, entonces regresó a la casa con su mamá y su hermano. Por esa misma época les enseñé a jugar frontón a él y a Lenin. Hay canchas aquí en Teco y en Tenango, pero yo me los llevaba a la deportiva de Toluca o a Ixtapan. Venía por ellos los fines de semana y nos la pasábamos jugando. Aprendieron bien rápido y ya después me ganaban. Ya tiene tiempo que no jugaba con ellos. Pero Julio se me acercaba mucho, si necesitaba algo me llamaba y ya veíamos cómo hacerle. Yo fui a recoger su cuerpo a Chilpancingo.

TOMA DE MUESTRAS

6 de febrero de 2016

El sábado 6 de febrero fue la fecha fijada para tomar las muestras correspondientes para la prueba de ADN, en las instalaciones de la Coordinación General de Servicios Periciales. A Julio se le tomarían tres fragmentos de tibia y a sus familiares unas gotas de sangre. Tuvieron que pasar más de tres meses de idas y venidas por tres juzgados de la República, de llamadas, negativas, solicitudes, negativas, peticiones, negativas, exigencias, negativas, negligencia, insensibilidad, constancia para llegar a este día.

Marisa Mendoza, acompañada por una de sus hermanas y su hija, Melisa Mondragón, están desde las nueve de la mañana. Afrodita y Lenin han sido traídos por la CEAV, a solicitud expresa de la abogada. A las once la mañana ya se encuentran los peritos de la PGR, los del EAAF, la jueza del Juzgado 38 del Reclusorio Norte y su personal, las psicólogas de Aluna y, desde luego, la abogada Sayuri Herrera, pero faltaba la perito que representaría la defensa de los veintidós policías imputados. Sin su presencia no podían comenzar.

La jueza amaga con suspender y devolver todos los documentos a Iguala, refiriendo que no se pudo completar la diligencia por la ausencia de la perito en cuestión. Sayuri Herrera le pide más tiempo. La jueza accede a esperar una hora más. La abogada Herrera llama a Iguala, llama al abogado de los veintidós policías, vuelve a llamar al Juzgado de Iguala y finalmente se entera de que la perito de la defensa fue rumbo al Juzgado 38, en el Reclusorio Norte, pues en la notificación que le hicieron llegar no se especificaba el lugar donde se iba a llevar a cabo la diligencia. Cuando la jueza se entera de esta situación manda a uno de sus ayudantes por la perito. Así, todo empieza a la una de la tarde.

Además de la toma de muestras es necesario que los familiares respondan a una entrevista para tener la historia clínica de Julio César. Los peritos del EAAF preguntan cosas relativas a la salud de Julio, pero uno de los de PGR indagaba sobre el lugar en dónde había desaparecido el estudiante como si Julio fuera uno de los 43 normalistas que siguen sin ser encontrados. La abogada llamó la atención sobre la impertinencia de estas preguntas.

Apenas toma unos minutos el corte que la perito del EAAF hace en la tibia que antes fuera una de las piernas que sostuvieron a Julio: uno, dos, tres pedazos de hueso; uno para los peritos de la PGR, otro para la perito de los policías y uno para el EAAF. Ningún otro especialista sabía cómo cortar hueso. A Lenin, Afrodita, Marisa y Melisa les pican uno de sus dedos para que brote la sangre; sólo la bebé llora.

ROSTRO

Yo le hablaba con palabras tiernas, le decía bebé, niño, flaco, amorcito. Cuando él me contaba de sus cosas tristes, yo sólo quería darle mi amor de esposa, de compañera; sólo quería estar con él para apoyarlo. Reconocí su cuerpo por sus cicatrices. Siempre tenía la mente fija en que quería superarse. Él me decía que gracias a mí cambió muchas cosas de su persona: su manera de pensar, de hablar, de vestir, porque antes nomás usaba una ropa para toda la semana. Para venir a verme, como entonces no tenía trabajo, se le ocurrió junto con su amigo el Peluchín ir al cerro, ya como a eso de las nueve o diez de la noche, para cortar leña, porque allá en su pueblo todavía consumen mucha. Y me mandaba las fotos del diablito llenecito de leña y me decía que eso era parte de su trabajo. Así pagaba el boleto y el detalle que, según él, debía de traerme. Siempre que venía me traía que el osito de peluche, que el ramo de flores, que una carta, por muy simple, siempre encontraba algo que regalarme. Una vez no tenía más que para el pasaje y él quería darme algo, porque no le gustaba llegar con las manos vacías. Y me dijo que se le ocurrió entonces hacer un cisne de papel, y pues sí, me lo trajo y lo tengo muy bien guardado.

Y de que era muy celoso, era muy celoso; luego me decía que iba a ir a mi trabajo, porque allí había muchos compañeros maestros y yo le decía: Tranquilo, no te preocupes, son amigos, y él me decía: No, pues sí, pero no me gusta ni que les hables ni que les mandes mensajes. Y pues yo decía: No, pues sí tiene razón. Y por eso mismo perdí algunas amistades. Pero cuando se trataba de amarnos, de darnos cariño, él era muy especial. Cuando venía a la ciudad nos quedábamos en mi casa o luego salíamos a conocer el Centro. Porque cuando él empezó a venir, yo también era nueva en la ciudad. Y pues así conocíamos los dos.

Una semilla de justicia

12 de febrero de 2016

> Entonces surgirá tu luz como la aurora
> y cicatrizarán de prisa tus heridas;
> te abrirá camino la justicia
> y la gloria del Señor cerrará tu marcha.
>
> Isaías, 58: 1-9

Luego de muchas diligencias se fijó el viernes 12 de febrero para llevar a cabo la reinhumación de Julio César. Es un día complicado –la visita papal pondrá a la ciudad de cabeza y atraerá, por suerte, la atención de los medios–, por esa razón la cita en Servicios Periciales es a las seis y media de la mañana. Todos llegamos envueltos en chamarras y sin haber podido conciliar el sueño. Además de los acompañantes de la familia, han asistido integrantes del GIEI para brindar su apo-

yo, han venido desde Ayotzi compañeros normalistas de Julio que, apenas clarea el día, sacan una
manta con el rostro de quien fuera su amigo; nos
acompaña también un integrante del Colectivo
Contra la Tortura y la Impunidad y Conrado Ze-
peda, un padre jesuita que suspendió su retiro de
silencio de siete días para poder estar con nosotras. A pesar de que es muy temprano, hay trá-
fico suficiente para retrasar a Marisa, su familia
y otros acompañantes. Entre eso y los trámites
burocráticos de costumbre, entramos a Periciales pasadas las siete de la mañana.

Nuevamente ingresamos a un pequeño salón,
donde los familiares de Marisa, que han venido
desde su pueblo para estar con ella, aguardan
algunos minutos antes de que comience la diligencia. Allí permanecerán, hasta que nos vaya-
mos la pequeña Melisa y su prima, al cuidado de
otras acompañantes de la familia. Esta vez serán
una hermana y su esposo, cuñado de Marisa, los
que ayudarán a vestir el cuerpo de Julio. Una vez
abajo, cerca de la cámara seis, nos ponemos los
cubre bocas y los que van a tener contacto di-
recto con el cuerpo se colocan un traje especial.
Del refrigerador donde permaneció más de tres

meses, sacan una bolsa blanca en cuyo interior reposan los restos de Julio. El fuerte olor a químicos del laboratorio debería ser suficiente para ocupar todo nuestro sentido del olfato, pero no sucede así.

Cuando abren la bolsa blanca, queda a la vista el cuerpo desnudo de Julio, una costura atraviesa por la mitad su caja torácica, en lugar del cuello hay solamente un gran pedazo de piel negra, pues su cabeza tuvo que ser retirada; sus extremidades se han vuelto muñones porque también retiraron los huesos de pies y manos; en su pierna izquierda se nota la ausencia del pedazo de tibia recién cortado para la prueba de ADN. Las manchas negras sobre su cuerpo indican que esos tejidos se están separando de la piel, que los músculos de antes se están volviendo de agua, pero no es un agua pura, sino un líquido podre, cuyo olor se queda como fango en el estómago. Agradezco no haber desayunado.

Esta fase de la descomposición cadavérica debería durar entre seis u ocho meses, pero por efecto del embalsamamiento y de la refrigeración en que ha estado el cuerpo se ha extendido. Sólo me queda pensar que cuando todo esto acabe ese proceso terminará entre la tierra, donde ya no podrá ser visto. Sé, aunque me repita que ese ya no es Julio sino simple materia orgánica sin sensibilidad, que esa imagen me dolerá por no sé cuánto tiempo y este olor se me quedará grabado en las mañanas de febrero.

Entre la perito del EAAF, uno de la PGR, Marisa, su hermana y su cuñado comienzan a maniobrar para vestir los restos de Julio. Primero el pantalón gris oscuro, levantan una pierna y luego la otra, ambas rígidas. Todo lo escogió Marisa. Ella y sus familiares tenían la opción de no estar aquí, se lo han comentado en varios momentos: Si quieres lo podemos hacer nosotros, los peritos. Pero ella ha querido estar presente y su familia está aquí para apoyarla. Al final, sólo su hermana y su cuñado terminan de abotonar la camisa color lila. Marisa busca el modo de poner en el cuello de Julio un dije con la forma de la mitad de un corazón con el nombre de Marisa. Logra asegurar la cadena en los primeros ojales; sobre el pecho coloca amorosamente y bien doblada la sudadera roja de la Normal de Ayotzinapa, que un amigo de Julio ha donado para que lo acompañe en su descanso.

Para terminar deben sacar el contenido de unas siete bolsas de papel selladas, donde están los huesos de pies, manos y cráneo; esta tarea la realiza la perito argentina. El procedimiento es sencillo: romper los sellos de cada bolsa, mostrar el contenido a la cámara de la PGR –que ha videograbado toda la diligencia– y luego colocar los huesos donde originalmente estaban: al final de los tobillos y las muñecas. En una bolsa más grande se encuentra el cráneo; poco a poco van poniendo al final del cuello los distintos fragmentos de hueso que fueron radiografiados durante los estudios. Marisa desde hace rato sólo mira. Al terminar, la dejamos a solas con Julio y nos alejamos hacia el otro extremo del laboratorio, pero la distancia no es suficiente para no escuchar el llanto en que estalla al mirar los restos del cuerpo amado: un maxilar querido, una mandíbula besada, un pecho adorado, una frente anhelada, unos dientes recordados por la sonrisa.

Cuando Marisa camina hacia nosotras, me asombra ver que sólo llora –por qué solo el llanto para dolor tan indecible–, ella llora y por momentos se tambalea. Ángela Buitrago le ayuda a respirar, mientras Carlos Beristáin la sostiene del brazo; ella poco a poco vuelve a nosotras. Salimos del laboratorio, nos quitamos el cubrebocas, Ángela ayuda a Marisa a quitarse el traje especial y nos preparamos para salir rumbo a Tecomatlán. Personal de la PGR y una perito del EAAF suben a la ambulancia junto con los dos féretros: uno vacío y otro que lleva el cuerpo de Julio; asimismo colocan los sellos correspondientes para salvaguardar la cadena de custodia. Mientras los acompañantes salimos de la Coordinación, la abogada de Julio, Sayuri Herrera, y los intervinientes en la diligencia revisan y firman las actas y documentos que requiere el caso.

Como en la exhumación, la caravana es un fracaso, porque la ambulancia parte mucho antes de que los otros autos estén listos; la patrulla pasa debajo de un puente por donde no cabe el camión de los estudiantes normalistas y estos tienen que desviarse casi al principio del camino. A pesar de ello, arribamos al panteón de Tecomatlán a la 1:30 de la tarde, unas dos horas después de lo previsto. La jueza de Tenancingo, con un vestido negro y un paraguas ridículamente adornado con lentejuelas y encaje, nos espera para dar fin a la diligencia. También los mariachis contratados por Marisa han llegado al lugar. La jueza va dando cuenta de los pasos que se están siguiendo: ruptura de los sellos de la ambulancia, verificación de que en el féretro hay un cuerpo, fijaciones fotográficas por parte de los peritos de la PGR.

Desde la mañana, los tíos y el hermano de Julio, Lenin, se aseguraron de que los rascadores del pueblo cavaran la fosa, de modo que todo fuera más rápido. Afrodita estuvo preparando mole con pollo y arroz para los asistentes a este segundo funeral. El féretro es llevado a unos metros de donde será sepultado. El padre Conrado hace una pequeña bendición a Julio. Posteriormente, la jueza da fe de que dentro hay un cuerpo y uno de los peritos de la PGR saca de otras bolsas las pertenencias que acompañaron a Julio desde su primer funeral: el escapulario, la figura de un niño Dios, los zapatos. Cada objeto es metido nuevamente al ataúd. Cuando ya todo ha sido verificado, bajan la caja. La voz de la jueza enuncia cada acción realizada por los peritos. Como en Periciales, en el panteón las cámaras de la PGR y del juzgado han filmado cada procedimiento. El vago olor a muerte es llevado por el viento hasta el cerco de policías. Unas compañeras que vinieron de Pedregales preguntan si pueden rezar. Sólo en su cabeza, no pueden interrumpir el protocolo, responde la jueza. Después de una absurda polémica se decide que el féretro viejo será sepultado en el mismo sitio, luego de colocar la losa encima del otro. Debidamente autorizados, los mariachis tocan "Caminos de Guanajuato".

Los compañeros normalistas aguardan a un costado del panteón con la manta de Julio extendida. Los demás nos acomodamos alrededor del cerco de policías y de la barda que rodea al cementerio. En la pancarta que esgrime una anciana se lee: "Julio César, tu rostro y tu conciencia resplandecen en cada uno de nosotros". Los tíos y el hermano de Julio ayudan a los rascadores para rellenar la fosa; con paladas de tierra poco a poco se va cubriendo ese hueco dejado por más de tres meses. Muchos lloran. Cuando ya casi terminan colocan el ataúd chiquito donde está la sombra de Julio y lo cubren con el resto de la tierra. Después de algunas intervenciones, la jueza por fin anuncia su retiro; antes de que cruce la puerta del panteón se comienzan a oír los gritos de "Julio vive", "Julio no murió, Peña lo mató" y "Marisa, escucha, estamos en tu lucha". Comenzamos a colocar las rosas rojas alrededor de la tumba, la corona y los arreglos de flores blancas sobre ella.

Conrado se dispone a oficiar. Sobre su sotana blanca luce una estola morada, hecha por la Comandanta Ramona del EZLN. Providencialmente, la lectura sugerida para el primer viernes de cuaresma es del libro del profeta Isaías, 58: 1-9, que a la letra dice: "Clama a voz en cuello y que nadie te detenga. Alza la voz como trompeta. Denuncia a mis pueblos sus delitos, a la casa de Jacob sus pecados". Esta es palabra de Dios, aclara el sacerdote. Conrado dice que la misa será como en los primeros tiempos del cristianismo, no en los grandes templos, sino donde es necesario.

En efecto, la sencillez hace pensar en un rito de hermandad, de simples seres humanos con un mismo dolor, un mismo deseo puro de justicia y amor. Todos en la voz de uno pedimos al señor que nos libre de la corrupción, la mentira, los feminicidios, la indiferencia, los megaproyectos, el abuso a los niños, la violencia y la impunidad. Conrado reúne a la familia de Julio: sus tíos Guillermina, Cuitláhuac, Cuauhtémoc; su hermano Lenin, su madre Afrodita, a Marisa y sus padres. Al final, sólo quedan Marisa y su hija frente a la tumba de Julio; Conrado se acerca y bendice a la bebé. Hermanos, podemos ir a seguir luchando, dice el padre.

ROSTRO

Yo vendía pan en Mexicaltzingo y él me acompaña-
ba. Desde niño tenía ángel. Cuando tenía como seis
años, me ayudaba a atender un puesto de calaveritas
de chocolate y como se le hacía que uno cincuenta era
mucho, las vendía a peso, porque decía que así la gen-
te sí iba a poder comprarlas. Y a mí me dejaba con
la boca abierta y con el bolsillo medio vacío, pero me
daba ternura que fuera así. Luego ya, cuando tuve a
mi otro hijo, me los llevaba a los dos a vender elotes,
es que siempre he sido vendedora, y se quedaban sen-
taditos sin darme lata. Entonces la gente pasaba y
les hacía cariños; a veces las niñas más grandes se los
llevaban a jugar mientras a mí se me acababa la olla.

El giei se va, un vacío se queda

27 de abril de 2016

Marisa Mendoza, Olivia Mendoza, Sayuri Herrera, Nayeli García y yo viajamos a la Normal de Ayotzinapa para estar presentes en la ceremonia que se organizó para despedir al giei. Sólo vamos mujeres. Aunque ha habido compañeros solidarios que se aprestan para conducir, noventa por ciento de las diligencias que ha requerido este caso han sido hecho por mujeres. Nunca falta quién pregunte: ¿Van solas?

A finales de febrero dos mochileras argentinas fueron drogadas, violadas y asesinadas mientras cruzaban Ecuador en su viaje. Además de la indignación que el hecho levantó en redes sociales también hubo una consigna que se hizo escuchar en medio de todo: "No iban solas, iban juntas", lo cual puso en cuestión la creencia, decimonónica hay que decirlo, de que las mujeres que no viajan con un hombre van *solas*, sin nadie que las proteja. ¿Es que en este país, en pleno siglo XXI, la presencia de un hombre evita desapariciones forzadas, secuestros o ejecuciones? Vamos mujeres porque así son las cosas. Ejecutaron a Julio; Marisa y Melisa son las que quedaron. Melisa tiene dos años. Marisa tiene que hacerlo. Sayuri fue quien tomó el caso.

Llegamos desde la mañana para esperar a los padres de los 43, que a su vez habían ido a encontrar al GIEI cerca de una gasolinera. Alrededor de las doce del día llegaron caminando Carlos Beristáin, Ángela Buitrago, Claudia Paz, Francisco Cox y Alejandro Valencia, cubiertos de collares de flores, en compañía de los padres, los abogados, otros acompañantes e integrantes de organizaciones sociales que han seguido el caso.

La ceremonia se realizó en la explanada de la Normal de Ayotzinapa. Bajo el sol escuchamos las participaciones de los integrantes del GIEI, de los padres y madres que lamentan su partida, del secretario del Comité Estudiantil de la escuela. A pesar del calor, los asistentes permanecemos atentos a lo que dice cada uno de los participantes. Marisa tiene un lugar entre los padres, el resto de nosotras nos acomodamos en los asientos o tomamos fotografías. Entre las cosas que dicen los participantes, se nota tristeza y enojo por la partida; sin embargo, los integrantes del GIEI aseguran que desde donde estén seguirán al pendiente del caso y acompañando en la medida de lo posible. Al final el GIEI entrega versiones impresas del segundo informe a los padres de los 43. Marisa recibe el suyo. Los padres obsequian botellas de mezcal adornadas con motivos prehispánicos y banderas de México con sus firmas.

Nosotras vamos al comedor de la Normal donde, por ser un día especial, sirven carne en salsa roja. Luego aprovechamos para tomarnos unas fotografías en el mural que otros compañeros del colectivo El Rostro de Julio pintaron hace unos meses. La pintura representa el rostro de Julio sobre un fondo naranja, como si amaneciera o atardeciera, su cara está rodeada de cinco flores: una blanca, una azul, dos amarillas y una lila, vilanos del diente de león se dispersan por la superficie y por encima vuelan cuatro colibríes. Marisa abre sus brazos y su figura vestida de negro queda al frente como si pudiera abrazar a Julio. Luego cada una se pone junto al mural para tomarnos una foto, porque queremos aprovechar que ese día Naye lleva una cámara profesional. Mari dice un poco para sí misma, otro poco para quien escuche, que quiere hacerse un tatuaje de un colibrí. Desde que murió Julio, siento que el colibrí me lo recuerda. Yo pienso en la leyenda nahua que dice que el colibrí es el alma de los guerreros caídos, que acompañan al sol del amanecer al cenit. Hace unos meses Marisa se tatuó en uno de sus brazos el nombre de su hija Melisa. Un nombre sobre su piel, un colibrí sobre su piel: huellas.

ROSTRO

Hubo una vez que andábamos en el techo de la casa vieja, volando un papalote y, de que corríamos, una parte se vino abajo y Julio cayó encima de la cazuela del mole y se le rompió una oreja. Pensamos que nos iban a pegar, pero mi abuelita no nos decía nada. Julio la quería mucho. Cuando ella murió se puso muy triste, no quería hacer nada, por eso dejó de ir a la escuela de Tenería y luego por eso lo expulsaron. Me contó que una vez que se quedó solo en la casa de Teco, se acostó en el cuarto que era de su abuelita, donde hay un tocador, y medio entre sueños vio en el espejo la imagen de ella.

Resultados de la segunda necropsia: día cero

7 de junio de 2016

Luego de una sesión de más de seis horas entre los equipos de peritos del EAAF y la PGR, ha comenzado una reunión con los familiares de Julio César. Será la primera de dos —advirtieron—, pues los peritos no están de acuerdo en todos los puntos. Además de la familia y los equipos forenses, en la sala se encuentran los observadores de la Comisión Nacional de Derechos Humanos, un fiscal de la oficina de la PGR encargada de la investigación del caso Ayotzinapa y personal de la propia Coordinación General de Servicios Periciales, la Agencia de Investigación Criminal y la Dirección General de Especialidades Médico-Forenses.

El doctor Iván, de la PGR, auxiliado por una

presentación en Power Point, cuya primera diapositiva es la imagen de Julio sin rostro, difundida la mañana del 27 de septiembre de 2014, comienza su informe: Sobre los exámenes antropológicos realizados en el cadáver de sexo masculino de veintiuno o veintidós años que en vida respondiera al nombre de Julio César Mondragón Fontes. La abogada se levanta y pregunta al oído de cada familiar si están de acuerdo en que se muestren fotografías durante la exposición: todos asienten. El médico señala que se encontraron equimosis de color violáceo producidas por impacto de objeto romo en el brazo, antebrazo, cara anterior del cuello, espalda, región lumbar, por encima de los glúteos, cresta ilíaca y muslo. Al momento de realizar la segunda autopsia, a poco más de un año de la muerte, los moretones eran visibles gracias al embalsamamiento. Para ilustrar sus palabras, proyecta la imagen del cuerpo expuesto a un estudio de transiluminación, donde se aprecian manchas claras y oscuras; las últimas indican que hubo ruptura de vasos sanguíneos.

Luego de la apertura de cavidades, continúa el doctor, se apreciaron hemorragias en el pulmón izquierdo, el pulmón derecho y el intestino grueso; las meninges y el encéfalo presentaron heridas; no se encontraron la laringe ni el páncreas (este último es el primer órgano en descomponerse); la aorta sin problemas; la tráquea y el corazón sin lesiones. Con ese recuento concluye su participación, que será la más larga de todos los peritos de la PGR.

Después de él, la encargada del laboratorio de genética nos dice que de acuerdo a las pruebas realizadas pueden estar 99.99 por ciento seguros de que el cadáver masculino pertenece a Julio César Mondragón Fontes. Finalmente, la perito en antropología explica que su labor consistió en hacer las mediciones de la fosa de donde salió el féretro azul y que de acuerdo al análisis del perfil biológico se determinó la existencia de lesiones en los pies, producto de la práctica deportiva. Según la PGR, los traumatismos fueron producidos en el periodo *perimortem*, es decir, un lapso no definido de tiempo en el que el cuerpo está cercano a la muerte y las reacciones vitales se producen de manera aminorada.

Por parte del EAAF, Mercedes Doretti comienza diciendo que no presentarán los informes sobre los resultados de los exámenes relativos a la herida del cuello y la ausencia de rostro, pues no hay acuerdo entre los equipos de peritos en cuanto al corte y la participación de fauna. Por ello será necesaria una segunda reunión, donde tratarán de emitir una misma conclusión, de modo que sea contundente. Apunta que se descarta que hubiese habido una herida de proyectil, como se especuló en el metaperitaje hecho por Francisco Etxeberría, publicado en el primer informe del GIEI, realizado con base en la primera necropsia. En este se señalan las carencias de la primera autopsia y se sugiere la realización de una segunda para esclarecer, entre otras cosas, si la lesión en rostro fue producto por impacto de objeto romo o por proyectil. Al término de estos exámenes periciales se puede afirmar que el hundimiento en el lado izquierdo de la cara fue hecho por golpe.

Luego de esta pequeña introducción Steve Symes toma la palabra y lo primero que hace es disculparse por no hablar español: Mercedes hará las veces de traductora. La causa de muerte, nos dice el especialista, es traumatismo craneoencefálico, lesiones en tórax y abdomen. Después del análisis de las veintiocho radiografías al cadáver, se contabilizaron sesenta y cuatro fracturas en el cuerpo de Julio –muchas más que las registradas en la primera autopsia–; en su opinión, este es un elemento suficiente para la persona que tenga que definir si hubo tortura o no. Steve dice que sólo mostrará fotografías para ilustrar las lesiones y que serán imágenes de hueso limpio; aclara que en su análisis buscaron entender no sólo si un hueso estaba roto, sino cómo se rompió.

Las costillas afectadas, cuyo grado de lesión va del doblez a la quebradura, fueron la segunda, tercera, cuarta, sexta, séptima, octava, novena y décima del lado izquierdo, mientras que del lado derecho la tercera, sexta y decimosegunda. Steve dice que todas las lesiones o traumas contusos se produjeron por presión de mano, puño, instrumento romo, es decir, *todo* lo que no sea punzante o proyectil –un *todo* que en verdad podría haber sido todo–. La mayoría de las heridas en esa zona ocurrieron en la parte frontal y lateral: las costillas fueron dobladas hacia adentro. Cualquier presión ejercida sobre el pecho, explica Symes, afecta a la columna, así que los huesos de esta zona se rompieron por efecto de los golpes ligeramente cargados a la izquierda. Eso habla de que la persona está en el piso –es uno de los escenarios compatibles con el tipo de golpes– y es golpeada desde arriba, dado que la energía no puede salir hacia otro lado lesiona la columna. La vértebra lumbar muestra una fractura en la parte de adelante.

Las fracturas encontradas en el cráneo de Julio son la causa de su muerte; para romper un cráneo se necesitan 120 newtons que, irónicamente, equivalen a ciento veinte manzanas. Dicho así no suena tan mal, pero igual mata. Por encima del oído derecho hay al menos dos impactos; Steve explica que este tipo de golpes son peores cuando la persona está contra el piso o una superficie dura; la energía del golpe se extendió por toda la superficie del cráneo hasta trozarlo. De eso uno no se recupera, traduce Doretti. Marisa solloza al escuchar la descripción de este otro escenario posible.

No siempre se puede ver la energía con que fueron producidas las fracturas, sino hasta que se tiene el hueso limpio; por ello, recuerda a los familiares, les pidió su consentimiento para limpiar los huesos. Así, se pudo ver que hay una separación de la cara entre la órbita y la parte posterior del cráneo; para conseguir eso, nos dice el perito, se requirió de un tremendo despliegue de energía. La presentación de Steve termina con la fotografía de Marisa y su bebé, la hija de Julio, frente a la tumba de Mondragón Fontes el día de su reinhumación, y dice que para él es importante esa imagen porque así tiene presente la fecha del segundo funeral, 12 de febrero, y sabe que ha pasado mucho tiempo desde entonces. Aunque hay un espacio reservado para preguntas, sólo hay silencio después de las exposiciones. Después de las fórmulas habituales y corteses de despedida y agradecimiento, se da por concluida la reunión.

* * *

Más de veinte días después, el 29 de junio, en el mismo lugar, a las once de la mañana, se llevó a cabo una segunda reunión entre los equipos de peritos del EAAF, PGR y los familiares de Julio César para dar los resultados de los exámenes en cara y cuello. Antes de este día los equipos forenses se reunieron en dos ocasiones, una para tratar de llegar a una opinión común y otra para realizar un esquema de los resultados, pensando que así sería más claro para los familiares. No pudieron llegar a un acuerdo en cuanto a la herida en rostro y cuello, de modo que la reunión resulta una exposición de las diferencias.

El estado de los restos del cuerpo de Julio, comienza el médico forense de la PGR, a más de un año de ocurrido su deceso, hacía difícil establecer cómo fue hecha la herida en cuello y cara, pues la mayor parte del tejido blando había desaparecido. Aunado a ello, el corte en el cráneo realizado por protocolo en la primera autopsia fue un elemento más de confusión. Para esta parte de las pericias se basaron, con las limitaciones que ello implica, en las fotografías tomadas en el levantamiento del cuerpo —de las trece obtenidas, sólo dos son de rostro y cuello— facilitadas, de acuerdo a la petición formal de la familia mediante su abogada, por el perito Vicente Díaz Román.

Para el EAAF hay tres zonas —parte lateral derecha, parte frontal, parte lateral izquierda— donde se puede sospechar de la acción de objeto cortante ocurrida en periodo *perimortem*. La PGR coincide en el número de zonas, pero para ellos –que sometieron las dos fotografías a un estudio de transiluminación– la herida fue realizada mientras Julio vivía. En cuanto a la herida frontal, la PGR no puede establecer cómo se realizó; lo mismo ocurre con la herida en la parte posterior de la cabeza, cuya causa no se pudo precisar. Las fracturas en la cara fueron ocasionadas por el impacto en la parte lateral derecha, que afectó la parte izquierda y ocasionó la ruptura de la zona frontal. A la par de estas declaraciones nos muestran una imagen del cráneo, donde se aprecian las fisuras; Doretti aclara que el cráneo tuvo que ser reconstruido, es decir, los huesos están pegados.

Otra de las diferencias entre los equipos tiene que ver con las huellas encontradas en la mandíbula. Para el EAAF podrían ser producidas por fauna y fueron hechas *postmortem;* la PGR afirma que fueron por acción de roedores y realizadas en periodo *perimortem.* Para concluir, ambos equipos aclaran que el diente premolar derecho de Julio fue perdido antes de que este muriera y que el globo ocular derecho, encontrado al lado del cadáver el 27 de septiembre del 2014, se hallaba dentro del pecho, pues el médico forense de Iguala lo colocó allí sin dejar registro de ello en la primera autopsia. La familia pregunta si es posible saber si el ojo fue arrancado y cómo. No lo es. Se aventura la hipótesis de que, debido a la múltiple fractura de los huesos de la cara, estos pudieron haber funcionado como un objeto cortante que desprendiera el ojo. A pesar de las divergencias, ambos equipos coinciden en que los elementos para configurar el delito de tortura están dados en los resultados expuestos. Mientras los peritos hablan, Melisa, la hija de Julio y Marisa, se pasea con su pequeña figura de casi dos años por la sala y se divierte abriendo y cerrando las puertas de los estantes donde guardan el material de la oficina.

Para finalizar, uno de los integrantes de la Comisión Nacional de Derechos Humanos da lectura a las conclusiones de la investigación que en calidad de observadores realizaron. Su documento es la respuesta a una serie de quince preguntas formuladas al comenzar su indagación, enfatiza que emplearon un método científico para su resolución. Tal vez porque ellos no trabajaron haciendo exámenes directos en los restos de Julio César hay puntos de amplia diferencia con respecto a los resultados de los equipos forenses de la PGR y del EAAF. El punto más problemático es el desollamiento: la PGR afirma que hubo acción de objeto cortante; EAAF sospecha que pudo intervenir un objeto cortante; la CNDH atribuye el despellejamiento a "fauna del lugar que actuó como depredadora", luego de que Julio fuera dejado en el Camino del Andariego. A pesar de esta diferencia, los observadores coinciden en que Julio César Mondragón Fontes fue objeto de tortura por más de un victimario, entre las 00:45 y las 2:45 horas del 27 de septiembre de 2014; asimismo señalan las deficiencias y contradicciones de los exámenes necrológicos realizados por la Fiscalía de Guerrero en 2014, lo cual hizo necesaria la segunda necropsia.

Luego de escuchar las palabras del médico forense de la CNDH, Marisa Mendoza hace la petición formal de que integren sus conclusiones en el expediente de Iguala, Guerrero, y en la averiguación previa de PGR. Mendoza también les pide que se pronuncien públicamente denunciando la tortura a la que fue sometido su esposo. El representante de la Comisión responde que harán lo necesario para cumplimentar las peticiones de la viuda, toda vez que ella lo ha demandado de manera oficial.

Rostro

Fue mi primer hijo; pesó tres kilos, era gordito; su cabello quebradito. Lloroncito, pero era un niño muy sano; me dijeron que lo pusiera al sol para que tomara la vitamina. Era muy apegado a mí, apenas se daba cuenta de que me salía de la casa y soltaba como un lloridito. Ni para ir al mandado me dejaba. Lo tenía que llevar, pero era muy tranquilo; no pedía cosas, era muy entendidito. Yo lo cargaba hasta que se quedaba dormido, lo envolvía en su cobertor preferido para que descansara. Mi nieta tiene sus mismos ojos, cuando la cargo siento como si tuviera a Julio otra vez de bebé.

CODA

Los dictámenes periciales de la PGR y el EAAF se presentaron el 30 de junio del 2016, en el Juzgado de Iguala, donde se lleva el litigio del fuero común; ahí el juez podrá determinar si rectifica las acusaciones del proceso penal, que era por "homicidio calificado", pero el proceso no avanza debido a la negligencia de las autoridades. En septiembre del año pasado se logró que la PGR abriera una averiguación previa por tortura; sin embargo, no la radicó en su Oficina de Investigación para el caso Iguala, por lo que la pesquisa se mantiene separada del grueso de la investigación. Desde septiembre del año pasado, se tramitó ante la SEP un cambio de adscripción de la plaza que Marisa obtuvo hace varios años por sus méritos como profesora, de la Ciudad de México a Tlaxcala, de modo que pueda vivir con su hija, pues por el momento la bebé vive en Tlaxcala al cuidado de sus abuelos, porque Marisa, con dos trabajos, no puede cuidarla. Aunque esta gestión se autorizó administrativamente y era una solicitud conocida por la SEP, la CEAV, la CNDH y la Cámara de Diputados pasaron ocho meses para que el trámite tuviera efectos en la práctica. En mayo del 2017 Marisa pudo volver a Tlaxcala, si bien no sabía a qué escuela la habían asignado, porque las autoridades no tomaron en cuenta las opciones que ella había propuesto. No obstante, ahora los trámites restantes podrá hacerlos cerca de su hija y de su familia.

REFERENCIAS

La Ley General de Víctimas es pública y puede ser consultada en el siguiente link: http://www.pgr.gob.mx/Fiscalias/feadle/Documents/LEY%20GENERAL%20DE%20 V%C3%8DCTIMAS.pdf

La declaración de Jaime Rochín, fue publicada en el canal del programa *Once Noticias*, el 15 de octubre del 2015: https://www.youtube.com/watch?v=f_3JW0o-GGo

El video *Julio Hernández Barros* fue publicado el 11 de noviembre del 2016: https://www.youtube.com/watch?v=ffToN3I0GH4&t=1s

La declaración de Palemón Salazar Hernández fue tomada de una nota de *Impulso Edomex*, publicación digital de corte Antorcha Campesina: https://impulsoedomex.com.mx/derechos-humanos-rectores-de-los-jueces/

La declaración de Mauro Taboada del 28 de enero del 2016 puede ser consultada en el *Segundo Informe del* GIEI. *Avances y nuevas conclusiones sobre la investigación, búsqueda y la atención a las víctimas*, 2016, p. 189.

En noviembre de 2016, un jurado compuesto por los escritores mexicanos Verónica Gerber Bicecci, Luis Felipe Fabre y Luis Jorge Boone, seleccionó *Procesos de la noche* de Diana del Ángel como proyecto ganador de la Primera Residencia Ventura + Almadía para la Creación Literaria. En consecuencia, Fondo Ventura y Editorial Almadía facilitaron a la autora una estadía de dos meses en la Ciudad de Oaxaca, México, así como las condiciones necesarias para poder dedicarse de tiempo completo a la conclusión de su obra. Esta primera convocatoria, lanzada a nivel internacional, recibió ciento veintinueve trabajos de escritores de diferentes latitudes y países, entre los que se encuentran: Argentina, Cuba, España, Estados Unidos, Chile, Colombia, Canadá, Puerto Rico, Panamá, Venezuela, Costa Rica, Bolivia, Nicaragua, Perú, Ecuador, Hungría.
http://fondoventura.org/

ÍNDICE

Diana del Ángel (Ciudad de México, 1982). Poeta, ensayista y defensora de derechos humanos. Ha sido becaria de la Fundación para las Letras Mexicanas de 2010 a 2012 y del FONCA en su programa de residencias artísticas, gracias al cual realizó una estancia de escritura en Montreal, Québec (2014). En noviembre de 2016 obtuvo la Primera Residencia de Creación Literaria otorgada por Fondo Ventura y la editorial Almadía, para terminar un libro de crónicas sobre el caso de Julio César Mondragón Fontes. Desde 2002, forma parte del taller "Poesía y silencio". *Barranca*, su segundo libro, se hizo acreedor a una mención honorífica por parte del Premio Nacional de Poesía Dolores Castro 2013. Ha publicado *Vasija* (2013) y artículos sobre literatura en revistas como *Tierra adentro, Este país, Cuadrivio, Casa del tiempo, Círculo de poesía* y *Artetipos*. Algunas de sus traducciones del náhuatl al español han sido publicadas por la revista *Fundación*. Las antologías *9 poetas que le temen a los payasos* (2016), *Encuentro Nacional de Poetas Jóvenes. Ciudad de Morelia* (2016) y *Fuego de dos fraguas* (2016) recogen parte de su trabajo. Parte de su colaboración en el Colectivo el Rostro de Julio consiste en llevar el registro escrito del caso. Actualmente realiza un doctorado en letras.

PROCESOS
DE LA NOCHE

de Diana del Ángel
se terminó de
imprimir
y encuadernar
el 13 de septiembre de 2017,
en los talleres
de Litográfica Ingramex,
Centeno 162-1,
Colonia Granjas Esmeralda,
Delegación Iztapalapa,
Ciudad de México.

Para su composición tipográfica se emplearon las familias Bell Centennial
y Steelfish de 11:14, 37:37 y 30:30.
El diseño es de Alejandro Magallanes.
El cuidado de la edición estuvo a cargo de Karina Simpson.
La impresión de los interiores se realizó sobre papel Cultural de 75 gramos.